中国工会工作品牌丛书

# 五一劳动奖

MAY DAY LABOR AWARD

成露◎编著

中国工人出版社

# 打造工会品牌　服务职工群众

品牌，是被社会普遍认同、有代表意义和影响力的产品。工会工作品牌，是体现工会组织特点、被职工群众广泛接受、社会认可度高、成效显著的工作项目。改革开放以来，各级工会组织在党的领导下，以服务职工为己任，锐意创新，不懈努力，逐步形成了一批党政认同、社会关注、职工群众欢迎的工会工作品牌。

创始于1992年的“送温暖工程”，从以下岗困难职工为主要对象的“两节”慰问走访的“进万家门、知万家情、解万家难、暖万家心”活动，发展到凸显“制度保障”作用，将党和政府保障民生的政策资源系统集成的“送温暖工程”。各级工会组织不断加大送温暖资金投入的力度，惠及广大职工群众，成为工会服务职工群众的一道亮丽风景线。

从1985年起，中华全国总工会启动“五一劳动奖状奖章”（2016年统称为“五一劳动奖”）的评选表彰。其中，五一劳动奖状授予在我国境内依法注册或登记的非跨地区的企业、事业、机关、社会组织和其他组织以及驻外机构，五一劳动奖章授予中国籍员工。“五一劳动奖”是中国工人阶级最高奖项之一，是每一个劳动者、劳动团体的光荣与梦想。

从2015年“五一”国际劳动节开始，中华全国总工会联合主要新闻媒体陆续推出一批我国广大一线技术工人的杰出代表，采取有力措施叫响做实“大国工匠”品牌，唱响了以劳动托起中国梦的时代赞歌。各级工会充分发挥“大国工匠”的示范带动作用，推动建设我国高素质职工队伍，造就出更多的“大国工匠”。

自2007年起，中华全国总工会开始部署创建工人先锋号活动，2008年命名首批全国“工人先锋号”。今天，这一彰显“一流工作、一流服务、一流业绩、一流团队”的荣誉称号，已经成为班组建设的助推器、培育高素质技工的学校和劳动竞赛活动的重要品牌。

2007 年 10 月 9 日，中华全国总工会下发《“职工书屋”建设实施意见》，一项惠及广大职工群众的公益文化工程就此拉开序幕。历经 15 年发展，职工书屋（电子职工书屋）已经成为工会服务职工的文化工作品牌，成为广大职工群众读书学习的精神家园。

1983 年，中共中央书记处作出了要把工会组织建成职工之家的重要指示。1984 年，中华全国总工会在基层广泛深入开展建设职工之家活动。今天，职工之家成为充分发挥广大职工积极性主动性创造性的重要途径，成为职工群众喜爱的家的港湾。

新时代特别是中国工会十七大以来，各级工会以习近平新时代中国特色社会主义思想为指导，贯彻落实习近平总书记关于工人阶级和工会工作的重要论述，以忠诚党的事业、竭诚服务职工为己任，围绕中心、服务大局，守正创新、勇毅前行，助推新时代工会工作创新发展，也为工会优势服务品牌注入了新的内涵。

践行新时代新要求，面对各级工会持续深化改革创新的生动实践，中国工人出版社启动“中国工会工作品牌丛书”修订工作，着重梳理“送温暖工程”、“五一劳动奖”、“大国工匠”、“工人先锋号”、“职工书屋”和“职工之家”等工会工作品牌在新时代的发展创新，为促进工会高质量发展聚力赋能。本丛书聚焦各级工会立足新时代中国特色社会主义新方位、全面深化改革新阶段，团结动员广大职工为推进中国式现代化建功立业的扎实作为，生动展现了工会组织按照党中央关于群团改革的新部署新要求，不断增强政治性、先进性、群众性，最广泛最紧密地把职工群众团结在党的周围，奋力谱写新时代工运事业和工会工作新篇章。

改革创新是时代发展的最强音，也是工运事业蓬勃发展的不竭动力。随着工会工作的不断推进，传统的工会品牌工作被赋予新的内涵，新时期工会改革创新成果正不断涌现，我们将及时进行总结，以更好地反映和展示工会工作品牌建设的最新成果。

CONTENTS / 目 录

# 引 言

从 20 世纪 80 年代的“振兴中华”、“建设四化”到新时代的“中国梦”、“强国建设”、“民族复兴”，中国工会始终围绕中心、服务大局，围绕党和国家的重大战略布局，围绕国民经济和社会发展五年规划，紧扣我国工人运动的时代主题，开展形式多样的劳动竞赛，表彰先进模范，动员和组织亿万职工投身时代洪流，弘扬劳模精神、劳动精神、工匠精神，发扬工人阶级伟大品格，为国家建功立业。

全国五一劳动奖章、全国五一劳动奖状是中华全国总工会根据《中华人民共和国宪法》精神而设立的授予先进职工和先进集体的荣誉称号，被广大职工群众视为中国工人阶级的最高荣誉奖项之一。从 1985 年“五一”国际劳动节首次授予全国各条战线上涌现出的先进模范以来，截至 2023 年，全国总工会累计表彰全国五一劳动奖状 10322 个、全国五一劳动奖章 35603 个。党的十八大以来，累计表彰全国五一劳动奖状 2245 个、全国五一劳动奖章 8650 个，为广大职工树立了一批学习榜样。

在“振兴中华”的时代强音中，全国五一劳动奖应运而生；在“推进改革”的时代浪潮中，全国五一劳动奖行稳致远；在“民族复兴”的新征程上，全国五一劳动奖不断创新。

在各级工会组织的耕耘下，经过三十多年的实践检验，全国五一劳动奖从评选到表彰、管理，逐步走上科学化、规范化，在社会上产生了广泛而重要的影响力，成为中国工会团结和引导亿万职工建功立业的响亮品牌。

# 第一章

# 创　建

说起五一劳动奖这项荣誉称号的诞生，其实和中国女排的夺冠渊源颇深。

1981 年 11 月 16 日，日本大阪，中国女排七战七胜，最后一战 3∶2 力克东道主日本队，第一次夺得女排世界杯冠军，站上女子排坛之巅。这是中国在世界篮、排、足三大球的比赛中取得的历史性的突破。国务院发来贺电，全国总工会也在第一时间向中国女排表示热烈祝贺。

第二天的《人民日报》头版只有一个主题——庆祝女排姑娘夺冠。

全国总工会的贺电醒目地刊登在左边栏。在当天的评论员文章《学习女排，振兴中华》中，《人民日报》第一次提出向女排姑娘学习，在现代化建设中发扬女排精神，振兴中华。

从贺电发出的那一刻起，全国总工会就在酝酿一个由全国总工会颁发的最高荣誉称号的想法。

# 一场特别的茶话会

1981 年 11 月 18 日，中国女排在世界女子排球锦标赛中首次夺冠后回到北京，受到首都各界的热烈欢迎。

万里等党和国家领导人在首都机场向胜利归来的中国女排表示祝贺，并号召“从中央到地方，全国人民，各条战线，都要向中国女排学习，用中国女排那种顽强的战斗意志、英勇奋斗的精神，把各方面的工作推进一步。学生要好好读书，工人要好好生产，这是真正的庆祝。全国人民都要学习中国女排精神，在实现四化的道路上奋勇前进”。

1981 年 11 月 21 日，全国总工会和北京市总工会举行欢迎女排胜利归来茶话会。80 多位在北京的全国劳模和北京市劳模参加了茶话会。

那天下午，全国总工会机关大楼上上下下喜气洋洋，一片欢腾。当女排健儿来到大楼门前，锣鼓鞭炮齐鸣，掌声雷动，16 名幼儿园小朋友向她们献花。教练袁伟民，队员孙晋芳、曹慧英等微笑着，频频向欢迎的人群致意。

茶话会由时任中华全国总工会主席倪志福代表全国各条战线上的广大职工向中国女排表示热烈的祝贺与亲切的慰问，并赠送了一面锦旗，授予“团结战斗勇攀高峰的先进集体”称号，号召广大职工学习女排精神，“为国家、为人民、为四化作出更大的贡献”。

茶话会上洋溢着热烈的气氛，80 多位劳动模范和女排健儿热切交流、互相勉励：“女排要学劳模，劳模要学女排，大家互相学习，争取都得冠军！”

北京市劳模、东城区清洁三队队长崔跃，北京市劳模、西城区三里河理发馆门市部副主任吴昊，围坐在孙晋芳身边，愉快地向女排健儿介绍自己的工作。在谈到“学习女排，振兴中华”时，他们表示“要在业务和技术上精益求精，提高服务质量，改善服务态度，进一步方便群众”。

这是学习女排精神的一次盛会，也是推动全国职工学习女排活动广泛深入开展的起点。第二天的《工人日报》发表了社论，指出“学习女排，劳动模范、先进生产者、先进工作者要当好带头人。带动广大职工人人学女排，从而更有效地贯彻党在工业经济方面的方针政策，以主人翁的姿态，挖潜革新，为社会创造更多更好的物质财富”。

就在茶话会后的一天上午，倪志福向时任中华全国总工会经济技术劳动保护部负责人提出“要搞一个由全国总工会授予的荣誉称号”。

此后，旨在表彰、激励和引导全国亿万职工奋力拼搏、建功立业的“荣誉称号”进入紧锣密鼓的讨论和实施阶段。

根据倪志福的意见，全国总工会经济技术劳动保护部生产处研究实施办法。大家联想到全国总工会每年都要在北京人民大会堂召开庆祝“五一”国际劳动节大会，提出以“五一奖章”作为荣誉称号。考虑到“五一”国际劳动节的主体是劳动者，应在“五一奖章”中加上“劳动”两字，即“五一劳动奖章”。

那么，这两个称号到底哪一个更好呢？这在当时还经过了一番激烈的讨论。

大多数同志认为，虽然“五一奖章”叫起来

顺口响亮，“五一劳动奖章”叫起来比较拗口，但是从“五一劳动奖章”的含义来说，这个称号更加贴近劳动者。于是，“五一劳动奖章”和“五一劳动奖状”的荣誉称号就这么诞生了。

1985年2月25日，全国总工会下发了《关于颁发五一劳动奖章和五一劳动奖状的决定的通知》（以下简称《决定》）。这份不足1000字的“8号文件”，开创了全国五一劳动双奖的表彰历史。

《决定》说明了表彰目的：“根据《中华人民共和国宪法》‘国家提倡社会主义劳动竞赛，奖励劳动模范和先进生产者’的精神，为及时奖励在四化建设中作出突出贡献的先进个人和先进集体，调动职工的积极性、主动性和创造性，推动改革和技术进步，促进社会主义现代化建设事业的发展。”

《决定》明确了评选办法，“由省、自治区、直辖市总工会和全国产业工会评定申报，经中华全国总工会审核批准，对个人颁发五一劳动奖章，授予相应的荣誉称号；对集体颁发五一劳动奖状，授予全国先进集体荣誉称号”。要求申报单位“在评定先进人物和先进集体时，要坚持群众路线，经所在单位评议，做到事实准确，情节真实可靠，评价恰如其分”。

《决定》规定了评选条件：“对在经济体制改革和其他各项改革中有创见，并付诸实施，取得显著实效者；在社会主义现代化建设事业的各个岗位上，成绩显著，有所创新，达到全国或国际先进水平者；在科学研究、发明创造、技术革新、合理化建议或采用与推广新技术、新工艺、新设备、新材料等方面，取得显著成果者；在全国同行业各种比赛中获得最佳名次者，或创全国最高纪录者；在社会主义精神文明建设中，做出突出成绩，对四化建设作出重大贡献者；在防止重大事故，抵制不正之风，抢救和保护国家、集体财产，维护社会治安等方面有突出贡献者；在四化建设和工会建设中做出突出成绩的工会干部、工会积极分子，授予五一劳动奖章。

“对各行各业的企业、事业、机关、团体及其下属单位直至班组，在四化建设中，出色地完成任务，创造出优异成绩，达到或创造全国同行业先进水平的，颁发五一劳动奖状。”

《决定》同时规定，“五一劳动奖章、五一劳动奖状，原则上每年‘五一’国际劳动节授予一次。有突出贡献者，随时申报授予”。

全国总工会领导对五一劳动奖章的设计提出了“简洁、大方”的要求。据此，中央工艺美术学院装潢系陈汉民老师设计出由齿轮、五星组成的图案。

1985 年 4 月 24 日，使用这枚图案的五一劳动奖章和证书在《工人日报》首次亮相，提前和全国广大职工见面。

1985 年，是我国国民经济和社会发展“六五”计划的收官之年。

经过四年的精心筹备，就在这一年的“五一”国际劳动节，全国总工会自行开展的五一劳动奖章和五一劳动奖状评选表彰活动，拉开了序幕。

## 首次表彰

1985 年，恰逢全国总工会成立 60 周年。这年 4 月 23 日，在全国总工会庆祝“五一”国际劳动节的历史上，增加了浓墨重彩的一笔。

当日，在中国记者协会举行的新闻发布会上，全国总工会国际联络部负责人向中外记者宣布：全国总工会将举行隆重的活动庆祝“五一”国际劳动节和全国总工会成立 60 周年，向在四化建设和经济体制改革中作出杰出贡献的 1002 名先进模范人物首次颁发五一劳动奖章。

那么，首批获奖者都是怎么评选出来的？都有哪些人？

全国总工会国际联络部负责人向中外记者介绍，全国首次获得五一劳动奖章的 1002 名先进模范人物，是由全国各省、自治区、直辖市总工会和全国产业工会评选出来的，是各民族职工中备受尊敬的人物。他们当中，有在致力改革、搞活企业、提高经济效益中勇于开拓进取的厂长、经理和管理干部；有在科研和生产中有重大发明，填补了国内外技术空白的工程师；有在技术革新、技术改造上为国家创造出较高价值的生产工人；有忠于党的教育事业，为四化培养人才的中小学教师和大学教授；还有在开创工会工作新局面和建设“职工之家”活动中涌现出的优秀工会工作者。

与以往的先进模范人物相比，首批五一劳动奖章获得者体现出一个鲜明特点：文化技术素质比较高。首批来京受奖的五一劳动奖章获得者有123人，其中具有大学文化水平的有59人、具有高中文化水平的有42人，占总数的82.1%。在庆祝大会上，全国总工会还根据不同情况，授予先进模范人物“全国致力改革者”、“全国优秀经营管理者”、“生产能手”、“全国优秀教育工作者”、“全国优秀思想政治工作者”、“全国优秀工会工作者”等荣誉称号。

1985年4月30日，庆祝“五一”国际劳动节暨全国总工会成立60周年大会在北京人民大会堂召开。大会堂里悬挂着“继承工人阶级光荣传统，发扬主人翁精神，为实现社会主义四化建设的伟大任务努力奋斗”的巨幅标语。万里等党和国家领导人出席了大会，万里代表党中央、国务院发表讲话，时任中华全国总工会主席倪志福也发表了讲话。党和国家领导人向先进模范人物代表颁发了五一劳动奖章，并接见了首批获表彰的代表。

第二天，即“五一”国际劳动节，《人民日报》和《工人日报》同时发布了“光荣榜”，上榜的是首批获得五一劳动奖章的1002人的名字。

同一天，123位受邀到京的先进模范人物佩戴着金光闪闪的五一劳动奖章，在北京劳动人民文化宫与首都群众共庆“五一”。

当日出版的《工人日报》记录了那天的场面：

繁花似锦，彩旗飘舞，到处是欢声笑语和动人肺腑的场面。几名首都工人把大鼓擂得咚咚响。昂扬的鼓声，激励着人们为建设有中国特色的社会主义去奋力拼搏。在南门东面的苍松翠柏中设有一处“企业家谈改革”交流咨询台，这里成了来自全国各地锐意改革的人们交流切磋经验的天地。长春卷烟厂厂长岩石、杭州第二中药厂厂长冯根生、西北国棉一厂党委书记杜光远，都不约而同地来到这里，向北京市的同行们学习。可是当北京的同行们得知他们都是全国著名的厂长时，却认为机不可失，抓住他们，请他们传经送宝……

首批五一劳动奖章获得者，就这样成为闪耀的劳动明星。

天津自行车铃厂青年工人张文豪，是天津著名的自学成才模范，几年来，在有关部门的帮助下，通过自学，取得了五项重大科研成果，被誉为“勇攀科学技术高峰的好工人”。获得五一劳动奖章后，他说，他的感想很多，集中到一句话就是：“只有有理想和抱负，才能为四化建设干成一点事业。没有理想之花，结不出丰硕的成果。”

浙江宁波人丰布厂挡车工樊亚琴，年仅 22 岁，却在岗位上不断探索，在 1984 年三省市织布操作技术交流会上一举夺魁。

湖北武汉著名的“轧钢状元”李明主，连续四年轧钢 104 万多吨无废品。“我想当个好工人，就要提高本领，掌握先进技术。”

柳维长，是新中国培养的第一批计算机技术人员。自 1979 年以来，一直致力于汉字处理系统的研发。

……

进京受奖的首批五一劳动奖章获得者，没有空手而来，带来了来自基层的大批宝贵意见和建议。来之前，他们大都进行了调查研究，甚至写出了书面的意见和建议。

黑龙江涤纶厂厂长汪嘉泽提出，要迅速建立一个能切实调动企业积极性的企业法；

江苏无锡机床厂厂长洪锦炘提出，减轻企业负担，要减少各种名目的“验收检查团”，今后企业的工作和产品质量，应该交给市场和用户去评价，在竞争中接受考验，使企业领导有精力去考虑工作；

上海色泽一厂挡车工李星介绍说他们生产的出口产品技术高、批量小，建议纺织行业建立技术培训中心，组织工人学习掌握新的技术，以扩大产量；

武汉钢铁公司轧钢厂工人李明主建议，为鼓励工人学技术，应在工人中设立技术职称，比如“操作技师”等；

……

这些意见和建议，经全国总工会收集整理，呈送给了相关部门。

根据首批全国五一劳动奖章获得者反映的“奖章太重、不宜佩戴”的意见，全国总工会及时对五一劳动奖章进行了重新设计。

新设计的五一劳动奖章图案由五星、天安门、齿轮、麦穗、双手和多角形光芒组成。五星象征党的正确路线、方针；天安门意为祖国；齿轮和麦穗表示各条战线的职工；双手隐含着劳动创造世界的意思。这枚奖章图案的含义是：在党的正确路线、方针指引下，全国职工要用勤劳的双手，充分发挥自己的聪明才智，为祖国搞好两个文明建设作出贡献。新设计的这枚五一劳动奖章由全国总工会于 1986 年开始颁发。

当时的《中华全国总工会关于印发五一劳动奖章和五一劳动奖状的决定》明确规定：先进个人一般从荣获过各部委、各省市自治区“劳动模范”称号的先进人物中产生，评选重点放在基层，放在第一线；评选的先进企事业单位及经营管理者必须是在全心全意依靠职工办好企事业方面有突出的业绩，并经过工商、审计、税务和纪检部门审查的。

此外，还有即时性表彰。对在国际国内有重大影响的事件中、在国家经济建设和国防建设中以及抢险救灾等危急情况下作出重大贡献的先进集体和个人，全国总工会予以即时表彰；对省、自治区、直辖市人民政府授予“革命烈士”称号的个人，或省（部）级党委做出学习（表彰）决定的集体和个人，经省、自治区、直辖市总工会申报，可分别追授或授予全国五一劳动奖状、全国五一劳动奖章。

五一劳动奖章的第一次即时授予是在 1986 年 1 月 4 日，全国总工会追授为抢救旅客以身殉职的石家庄铁路分局定县站客运服务员宋增娣全国五一劳动奖章。

五一劳动奖状的第一次即时授予是在 1986 年 2 月 15 日，全国总工会授予在两个文明建设中“宁可一人脏，换来万家康”的广州市卫生处理厂“全国先进集体”称号，颁发全国五一劳动奖状；授予广州市卫生处理厂厂长刘发“全国优秀经营管理者”称号，颁发全国五一劳动奖章。

# “迟到”的奖状

1986年，是我国国民经济和社会发展“七五”计划的开局之年。

1986年4月13日，全国总工会发出通知，号召全国职工积极为实现“七五”计划献计出力，建功立业。

通知指出，“七五”计划期间，是我国经济发展战略和经济体制进一步由旧模式向新模式转换的关键时期。全国职工要发挥主人翁作用，广泛开展做四有职工，当改革主力，为四化立功的社会主义劳动竞赛。

通知提出，要大张旗鼓地树先进、学先进、表彰先进，推广先进经验，充分发挥劳动模范和先进人物的带头作用、骨干作用和桥梁作用，通过他们带动广大职工群众为实现“七五”计划努力奋斗。要开展多层次的表彰奖励活动，全国总工会将总结重点工程百家窗口、创先进班组竞赛的情况，在“五一”国际劳动节表彰一批先进集体和个人，颁发五一劳动奖状和五一劳动奖章。

不过，五一劳动奖状的表彰工作没有赶上“五一”档期，而是推迟了。

1986年4月18日，全国总工会再次发出通知，要求各级工会组织企业班组广泛开展合格班组、信得过班组、先进班组升级竞赛活动，把我国班组建设提高到一个先进水平，以促进经济体制改革的顺利发展和企业素质的提高，为完成“七五”计划建功立业。

全国总工会提出，竞赛主要以“五赛五比”为主要内容：赛完成经济技术承包指标，比定额先进，降低物质消耗；赛产品质量，比执行工艺，贯彻质量标准；赛基础管理，比制度贯彻，使台账齐全准确；赛文明生产，比安全操作，生产秩序良好；赛共产主义风格，比主人翁精神，做四有职工。

全国先进班组的条件是：有强烈的主人翁责任感和集体观念，有高尚的职业道德，能主动搞好上下工序、班组之间的团结协作；全面均衡完成生产承包工作任务，主要经济技术指标达到全国同类班组先进水平，或在产品质量、服务质量、降低物质消耗、研制新产品、开发新技术等方面有突出贡献；有完善的经济和健全的基础工作管理制度，严格执行工艺和操作规程，安全文明生产成效显著，推行现代化管理效果突出；积极推广与应用国内外先进技术，岗位练兵、合理化建议等成绩突出，效果显著；班组骨干技术高，会干会管，工会小组健全。

通知中明确提出，全国总工会将在 1986 年 9 月表彰 200 个全国先进班组，颁发五一劳动奖状，班组长可同时申报全国先进班组长，颁发五一劳动奖章。此后每年都将根据各地工会的推荐，对竞赛中取得突出成绩者授予“全国先进班组”称号，颁发五一劳动奖状。

自此，五一劳动奖状从创建全国先进班组开始，正式走上了集中评选表彰之路。它和五一劳动奖章的创建目标一样，就是“树先进、学先进、表彰先进，推广先进经验，充分发挥劳动模范和先进人物的带头作用、骨干作用和桥梁作用”，通过他们带动广大职工群众不断创新，建功立业。

1986 年，五一劳动奖状和五一劳动奖章是分开评选和表彰的。

1986年4月30日，在首都群众纪念“五一”国际劳动节100周年大会上，时任中华全国总工会副主席罗干代表全国总工会宣读了1986年向全国1017名先进模范人物颁发五一劳动奖章的决定，提出：“我国工人阶级发扬光荣传统，在两个文明建设中发挥了主力军作用。各行各业、各民族职工和全国人民一道，努力学习，忘我劳动，勇敢拼搏，不断创新，当改革的主力，为四化立功，涌现出成千上万的先进模范人物，为我国经济体制改革的顺利进行，为社会主义现代化建设的宏伟大业，作出了巨大的贡献。中华全国总工会向全国1017名先进模范人物颁发五一劳动奖章，以表彰他们在四化建设中创建的功绩。

“五一劳动奖章获得者，是我国社会主义建设的功臣，是各族职工学习的榜样，全国总工会希望全国广大职工，学习他们的主人翁精神，以建设四化为己任，勤奋劳动，努力工作，在各自的岗位上创出第一流的水平，发扬工人阶级的首创精神，支持改革，参与改革，为推进经济体制改革作出新的贡献，努力学习，刻苦钻研，提高自己的思想政治素质和技术业务素质，成为精通本行技术业务的专家能手。

“全国总工会号召各条战线的职工，开展做四有职工，当改革主力，为四化立功的社会主义劳动竞赛，充分发挥自己的聪明才智，为促进经济体制改革，实现‘七五’计划，建立新的功绩。”

第二批五一劳动奖章获得者中，有曾是20世纪五六十年代的全国劳动模范、在20世纪80年代又立了新功的老先进人物，也有35岁以下新近作出重大贡献的劳动模范。

全国五一劳动奖状则是在1986年9月进行了第一次集中颁发。

从1987年开始，五一劳动奖状表彰范围从班组扩大到了企事业单位，并和五一劳动奖章统一集中在“五一”国际劳动节分别颁发。全国总工会连续两年授予先进企事业单位“全国先进集体”称号，颁发五一劳动奖状。

《关于颁发1987年五一劳动奖状、五一劳动奖章的决定》提道：“全国总工会决定，授予北京内燃机总厂等100个企业‘全国先进集体’称号，颁发五一劳动奖状；授予刘进忠等1048名职工‘全国先进个人’称号，颁发五一劳动奖章。”

《关于颁发1988年五一劳动奖章、五一劳动奖状的决定》提道：“授予北京长城风雨衣公司等106个企业‘全国先进集体’称号，颁发五一劳动奖状；授予王新春等1012名职工‘全国先进个人’称号，颁发五一劳动奖章。”

从1990年起，全国五一劳动奖状分成两个序列，一是企事业单位，一是班组，集中在“五一”国际劳动节表彰和颁发。

从2001年起，全国五一劳动奖状不再单列企事业单位和班组，改为合并表彰。

从2008年起，开始命名“全国工人先锋号”。

从2009年起，为进一步完善工会表彰机制，全国总工会对全国五一劳动奖状的授予对象做了调整。

此后，除特殊情况外，全国五一劳动奖状只授予先进企事业单位、机关和其他社会组织；全国工人先锋号授予企事业单位、机关和其他社会组织中的车间、工段、班组（科室）；全国五一劳动奖章授予企事业单位、机关和其他社会组织中的先进职工。上述表彰都是全国总工会设立的最高荣誉称号。

从1985年至2015年，五一劳动奖的表彰规模及数量基本保持“全国五一劳动奖状300个、全国五一劳动奖章1000个”；分配给各省（区、市）的名额则是依据国内生产总值（GDP）、税收和职工人数三个指标测算出来的。其间，除给新疆、内蒙古、贵州、中直、国直增加了少量表彰名额外，五一劳动奖的表彰规模未做大的调整。为迎接新中国成立60周年，激励广大职工为社会主义现代化建设作出更大贡献，2009年全国五一劳动奖状、全国五一劳动奖章的表彰数量大幅增加，分别达到506个和1492个，成为自1985年全国总工会设立五一劳动奖以来，表彰规模及数量最大的一年。

从2016年起，根据中央关于评比达标表彰的有关精神和规定，对全国五一劳动奖的分配名额进行了适度压缩，并把评选重点放在了一线和基层。

# 千帆竞发，万泉喷涌

全国五一劳动奖的颁发和表彰，是全国总工会创新和完善工会表彰机制的重要篇章。从 1985 年起，全国总工会历年关于五一劳动奖表彰的决定表明，旨在通过评选表彰，进一步弘扬劳模精神、劳动精神、工匠精神，调动职工的积极性、创造性，团结动员广大职工建功立业。

1985 年 5 月 1 日，首批进京受奖的五一劳动奖章获得者代表向全国职工发出了《广泛开展合理化建议、技术革新活动》的倡议书，推动合理化建议和技术革新活动在全国各地如火如荼地展开。

1986 年，是“七五”计划的起始之年。时任中华全国总工会主席倪志福在 4 月召开的全国两会上说：“全国各条战线的职工是经济体制改革和两个文明建设的主力军，应该积极为实现‘七五’计划献计出力，建功立业。在今后五年，全国职工要在巩固消化已取得的改革成果基础上，全力投入经济体制改革，要进一步创先进生产纪录，创新技术、新工艺，创优质服务、优质产品，为实现‘七五’计划多作贡献。”

同年 5 月，全国总工会发布全国五一劳动奖章的表彰决定，号召全国广大职工，“广泛深入地开展增产节约、增收节支运动，出色地完成 1987 年国民经济和社会发展计划，以优异的成绩向党的十三大献礼”。

全国五一劳动奖章表彰活动一结束，全国总工会有关负责人就开展合理化建议和技术革新活动的若干问题，在答《工人日报》记者问时，号召“广大职工积极行动起来，不断创造新的生产力”。

当时正在进行的经济体制改革，其中心环节是增强企业的生机和活力。职工是企业的主人，广大职工中蕴藏着极大的积极性、智慧和创造力，是企业增强活力的源泉。

全国总工会有关负责人透露，国务院于 1982 年重新颁布实施的《合理化建议和技术改进奖励条例》，其中一些内容已经不适应当下需求，全国总工会和国家经委经过调查研究，准备提出补充完善意见，并着手制定实施细则，进一步推动这项活动广泛深入地开展。

我国群众性的合理化建议活动起源于新中国成立前的 1947 年，在促进国民经济好转方面显示了初步威力。国民经济进入有计划建设时期后，以改进工作法和技术革新为特征的群众合理化建议活动作为先进生产者运动的组成部分，更加蓬勃发展，有力地推动了国民经济的发展。

1986 年 6 月 4 日，国务院发布修订后的《合理化建议和技术改进奖励条例》（以下简称《条例》）。此次修订主要是根据全国总工会和国家经委的意见，对总则及奖励等内容做出修改。

新修订的《条例》总则明确规定："为了鼓励职工积极提合理化建议，推动技术进步，改善经营管理，增强企业内部活力，促进国民经济发展，特制定本条例。""本条例所称合理化建议，是指有关改进和完善企业、事业单位生产技术和经营管理方面的办法和措施；所称技术改进，是指对机器设备、工具、工艺技术等方面所做的改进和革新。"

关于合理化建议和技术改进的内容，新修订的《条例》中有具体、明确的规定："（一）工业产品质量和工程质量的提高，产品结构的改进，生物品种的改良和发展，新产品的开发；（二）更有效地利用和节约能源、原材料，以及利用自然条件；（三）生产工艺和试验、检验方法，劳动保护、环境保护、安全技术、医疗、卫生技术、物资运输、储藏、养护技术以及设计、统计、计算技术等方面的改进；（四）工具、设备、仪器、装置的改进；（五）科技成果的推广，企业现代化管理方法、手段的创新和应用，引进技术、进口设备的消化吸收和革新。”

关于奖励的等级，新修订的《条例》明确规定“对被采用的、可以直接计算经济效益的合理化建议和技术改进项目，奖励分为五个等级”。对于产生年节约或创造价值“十万元以上”的三个奖励等级，除给予400—4000元奖金外，还授予奖状等荣誉奖励。

在各级工会的积极推动落实和五一双奖获得者的带动下，广大职工把群众的合理化建议、技术革新、发明创造活动推向了一个新阶段，从单一的生产技术领域扩展到经营管理、科研领域，成为推动技术进步和管理进步的一项重要措施。

1989年“五一”国际劳动节前夕，荣获全国五一劳动奖的进京代表向全国职工发出倡议书：“积极行动起来，认真贯彻全国总工会《关于动员全国职工开展合理化建议和发明创造活动的决议》，掀起开展合理化建议和发明创造活动的新高潮，集中力量把国民经济搞上去。”

工会创新表彰机制带来的初步成效，逐渐显示出来。

在哈尔滨飞机制造公司，劳模成为提合理化建议的排头兵、搞革新发明的顶梁柱。千名劳模带动全公司2万名职工投身合理化建议和发明创造中，3年来共提出2万条，实现1万条，革新项目2000多项，共创造价值1957万元，其中劳模提出合理化建议占总数70%以上，实现率占90%。

1987年，企业面临着国产民用飞机打入国际市场的关键时刻，公司部分劳模率先提出“振兴哈飞、为国争光、争作贡献”活动，当月就有200名劳模提出300多条合理化建议。在劳模的带领下，这一年，公司职工提出1.4万条合理化建议，为实现出口6架“运十二”型飞机解决了很多关键技术问题。

从全国五一劳动奖诞生的那一年起，各级工会组织注重推荐各类劳动竞赛特别是职工技术创新活动中涌现出的先进集体和先进职工。

1990年4月，全国总工会发布1989年职工群众生产以及职工群众技术成果公告，指出“在以双增双节为主要内容的社会主义劳动竞赛中，不仅涌现出一大批为改革和建设作出卓越贡献的先进个人和集体，而且创造了巨大的经济效益和社会效益”。

1991年，全国总工会发布全国五一劳动奖表彰决定，号召全国广大职工“进一步行动起来，积极投入以质量、品种、效益和双增双节为主要内容的社会主义劳动竞赛，大力开展合理化建议、技术改进和发明创造活动，学先进，做主人，比贡献，创一流，为胜利完成‘八五’计划再建新功”。

从20世纪八九十年代到21世纪，各级工会组织始终坚持群众路线，始终弘扬劳模精神、劳动精神、工匠精神，凝心聚气，引导各级工会开展多种形式的创先争优、建功立业主题竞赛，推动劳动竞赛向广度和深度发展。

据不完全统计，2013—2022 年，全国总工会联合人社部、科技部、工信部等举办了三届全国职工职业技能大赛；联合有关部委共同主办国家级一类职业技能大赛 28 项、国家级二类职业技能竞赛 200 余项。2021 年 6 月，全国总工会制定并印发了《职工职业技能比赛授予全国五一劳动奖章管理办法》，加大对技能比赛授予奖章的支持力度。

千帆竞发，万泉喷涌。通过层层开展劳动竞赛、技能比赛，各级工会组织不仅为广大职工搭建了学技术、练技能的广阔舞台，更有效地调动了广大职工参与的积极性。一大批优秀技术工人脱颖而出，充分展示了工人阶级的时代风采，极大地激发了职工的劳动热情和创造潜能。

“十三五”期间，有 1.14 亿人次职工参加了各级工会开展的技能比赛活动，有 405.6 万人次职工通过技能比赛晋升了技术等级。技能比赛成为孕育劳动模范的大课堂。

# 第二章

# 变　革

进入20世纪90年代，我国工人阶级踏着时代的节拍，积极投身新兴行业。

1990年，工人师傅平均每天为社会生产出电视机7.4万部、电冰箱1.8万台、洗衣机2.3万台、录音机7万部……每天的工业总产值达50亿元左右，使中国成为世界上工业发展最快的国家之一。

1992年10月12日，党的十四大庄严决定：中国经济体制改革的目标是建立社会主义市场经济体制。社会主义的旗帜上第一次写上了“市场经济”四个大字，中国经济体制将全面走向市场经济。

从传统的计划经济体制来，到社会主义市场经济体制去，这是历史的选择。只有社会主义市场经济才能发展中国。

伴随着市场经济大潮带来的新情况、新使命，中国工会与时俱进，在做实叫响全国五一劳动奖上，探索着新形式、新办法。

# 领　跑

经过改革开放的洗礼，我国职工队伍的素质明显提高。1991 年 4 月 30 日，新华社播发一条电文，称“95%以上的企业实行了厂长责任制，开拓精神和竞争意识促使一批优秀的企业家脱颖而出，各省、市、自治区也评出了一批优秀企业家，一支社会主义企业家的队伍正在形成”。

回到一年前的 1990 年。全国总工会在五一劳动奖表彰决定中说，1990 年是我国治理整顿和深化改革的一年。全国各族职工以主人翁的姿态，为国分忧，为企业解愁，在推进改革、促进经济建设中发挥了主力军作用，涌现出了一批锐意进取、勇攀高峰，为建设和改革建立了功绩的先进个人和先进集体。

20 世纪 90 年代初期的五一劳动奖表彰名单，呈现出“改革家多、革新者多”的鲜明特点，体现出改革开放的时代风貌。

1990 年 4 月 25 日，时任中华全国总工会副主席郑万通主持了全国总工会新闻发布会，宣布1990年五一劳动奖获得者业已评出，都是坚持四项基本原则、坚持改革开放方针，在四化建设和双增双节活动中作出突出贡献的先进个人和先进集体。其中，在1060名五一劳动奖章获得者中，有一线工人326名，班组长176人，厂长、经理220人，工程技术人员59人，科研工作者26人，还有教育工作者等。在460个五一劳动奖状获得单位中，有大中型企业113个、基层班组313个。

1991年，五一劳动奖的表彰结构依旧呈现出这个特点。五一劳动奖章授予1047名先进个人，五一劳动奖状授予191个先进班组和135个先进企事业单位。在五一劳动奖章获得者中，生产一线工人占42%，经营管理人员占32.73%，工程技术人员占8.71%，党群工作者占7.08%。其中，年龄最大的是66岁的全国著名医学专家、四川华西医科大学钩体病研究室教授戴保民，年龄最小的便是18岁的乒坛名将邓亚萍。

1992年4月24日，在新落成的中国职工之家，全国总工会新闻发言人发布了新的五一劳动奖名单，所表彰的新一批先进人物和先进集体的特点是“大胆进取”、“敢于创新”，为推动改革开放和现代化建设进入蓬勃发展新阶段作出了重要贡献。

随之而来的一则消息引起了社会广泛关注，培养出全国著名劳动模范张秉贵的地方——“新中国第一店”北京百货大楼转换经营机制，实行股份制。大楼前的广场矗立着一座张秉贵半身铜像，基石上有陈云题词“‘一团火’精神光耀神州”。企业机制变了，但这团“火”还在燃烧，弘扬劳模精神、劳动精神的主旋律永远不会过时。

“参与改革，支持改革，促进改革”，是全国五一劳动奖评选和表彰在 20 世纪 90 年代的关键词。

那几年，在全国五一劳动奖章的表彰结构里，厂长、经理占比最多时超过了三分之一，在有的省份，企业家群体比例甚至占据“半壁江山”，一批在改革大潮中富有开拓精神的优秀国有企业负责人获得表彰，受邀进京受奖。

比如，1990 年授予国营长虹机器厂厂长倪润峰五一劳动奖章，1991 年授予张家港市钢铁厂厂长沈文荣五一劳动奖章，1993年授予杭州娃哈哈集团公司总经理宗庆后五一劳动奖章……他们中的有些人在日后成为赫赫有名的全国劳模。

1992年4月，《工人日报》在一版头条连续刊发“改革潮中赞群英”报道，推出优秀企业家劳模的事迹。他们中，有“时代弄潮儿”、国营红光电子管厂厂长李铁锤，有被誉为“现代企业家”、原青岛海尔集团公司总经理张瑞敏……他们从经济工作和本企业的实际出发，大胆冲破束缚生产力的条条框框，闯出了一条改革之路。

红光电子管厂是“一五”期间苏联援建的156个项目之一，曾诞生了中国第一支黑白显像管和第一支投影显像管，有“北有首钢、南有红光”的美誉。1960年建成时，红光厂厂房是全亚洲最大的全封闭厂房。在最辉煌的20世纪90年代，红光厂拥有4300名职工，年销售收入超过10亿元，实际利润达两亿多元。李铁锤“把最美好的年华，奉献给了这里”，长篇通讯《时代弄潮儿——记国营红光电子管厂厂长李铁锤》在结尾处这样写道：

走出红光厂区时，我们发现1992年的春天似乎比往年来得更早。望着潮水般奔涌的满目新绿，使人又想起宋人潘阆的那句诗："弄潮儿向涛头立，手把红旗旗不湿。"我们相信，面对滚滚而来的改革大潮，李铁锤又在准备新的搏击、新的冒险，他也一定会带领红光人取得新的成功。

和李铁锤一样，张瑞敏也把自己的心血全部倾注于企业。1984年上任的第一天，迎接张瑞敏的却是办公桌上一大摞请调报告。那时，海尔是个亏损174万元、人心涣散的企业。"作为一名经理，如果心里没有装着普通职工，如果不能维护他们的权益，如果不能创造一个能让他们发挥作用的机制，将是最大的失职，企业也将失去凝聚力。一个缺乏凝聚力的企业怎么可能抵御市场风浪？"

全国五一劳动奖获得者代表及特邀劳模到全国总工会座谈，是工会每年五一劳动奖表彰工作的一项优良传统。那些年，在全国总工会大楼里，新老劳模代表一起，围绕改革和发展、围绕全心全意依靠工人阶级，谈感受、讲实践。

被誉为“闯路楷模”的朱骅，是江苏南通平潮饭店的经理。从开门办店那天起，他就建立起热情待客、薄利多销的办店规矩，把努力为顾客提供舒适、满意的服务作为最高准则。“办好饭店，就得继续提高服务。”

天津市劳动保护橡胶厂厂长张世伦说：“把企业办好，就是要全心全意依靠职工群众。”

……

全国五一劳动奖章的评选方式，是由各地工会、各产业工会从省部级劳模中推选产生的，因此，各省表彰的特点在一定程度上也反映出全国表彰的特点。

1992 年，北京市表彰首都劳动双奖，向 241 名先进个人和 47 个先进集体颁发首都奖章和首都奖状。获得者呈现出三个特点：一是一线职工多，占 41%，既注重具有“老黄牛”实干精神的职工，又注重有创造性劳动的革新创造能手；二是科技人员多，占 10%；三是解放思想、大胆改革创新的厂长、经理多，占 11%。

1993 年，山西大同有 51.3%的劳模被任命为

2000 多家企业的厂长、经理。先进人物知名度是企业重要的无形资产，劳模开始成为市场竞争王牌。有的企业签合同，点名劳模担当重要项目的带头人。

徐虎获得五一劳动奖章后不久，他所在的企业主动适应市场需要，成立了以徐虎名字命名的物业分公司，徐虎当上了经理，依靠劳模的知名度和信誉度去闯新市场。

上海液压泵厂数控工段副工段长李斌，是 1996 年全国五一劳动奖章获得者。他是一名普通的工人，17 年来一直与机床为伴；他又是一位优秀的专家，在对数控机床的运用中注入了创新的理念。五年间，他和小组攻下技术革新项目 34 项，成了企业的顶梁柱。

当时，李斌只是四级工，有的外商竟愿意赠送一台价值数十万元的数控机床换取他到外国工作一年。他和小组把液压泵上的所有关键零件，逐一搬上了数控机床加工，产品合格率几乎达到 100%。

产品质量过硬了，市场打开了，厂长俞云飞说：“有一个李斌，我们厂就可以起步了；有两个李斌，我这个厂长的腰杆子就硬了；有一批李斌，我们厂就可以腾飞了。”

一个时代的先进人物和先进集体榜单，必然展现一个时代的风貌，彰显一个时代的气质。时代在变，唱响时代强音的追求不变，这就是全国五一劳动奖的先进性。

## 唱响时代强音

1990 年 5 月 8 日，全国总工会劳模报告团在北京人民大会堂举行首场报告会，党和国家领导人坐在主席台下，与首都 6000 名干部群众一同认真听取了五位劳模代表的报告。

当时，江泽民同志坐在北棉一厂女工杨晓惠、北京虎坊桥浴池修脚技师杜德、首钢炼钢工人屠学信中间。在全国总工会劳模报告团首场报告会开始前，他还为三位工人签名留念。

三个小时的报告会结束后，江泽民同志会见了报告团成员。他说：“你们的先进事迹让我感到榜样的力量是无穷的，任何平凡的岗位都能做出不平凡的事业，只要各行各业都用你们这种精神，发扬工人阶级的优良传统，发扬中华民族的光荣传统，我们有什么困难不可克服，有什么问题解决不了呢？”他希望全国总工会劳模报告团把中华民族的爱国主义精神，把工人阶级勤劳勇敢的优秀品德带到各地去，激励全国人民在社会主义四化建设中做出新的成绩。[1]

为进一步宣传劳动模范和先进人物的先进思想、先进事迹，推动社会主义物质文明建设，弘扬社会主义精神文明，迅速在广大职工群众中掀起一个“学先进、做主人、比贡献、创一流”的“比学赶帮超”活动，以促进国民经济持续、稳定、协调发展，全国总工会组织了一个规模较大的劳模报告团，由 32 名全国劳模和全国五一劳动奖获得者组成、全国总工会副主席亲自带队，兵分六路，分赴东北、华北、西北、华东、华中、西南六个大区的 29 个省、自治区、直辖市作巡回报告。

① 新华社北京 1990 年 5 月 8 日电（刊登于《工人日报》1990 年 5 月 9 日）。

报告团成员有大庆油田 1205 钻井队队长申冠、太原钢铁公司“当代愚公”李双良、南通市平潮饭店经理朱骅，等等。短短半个月的时间里，劳模报告团进行了 102 场报告，听众达数十万人。

劳模报告团全国巡讲的新闻，迅速在各系统、各行业产生反响、掀起热潮。劳模不再停留在报纸上，而是走出企业、车间、码头、实验室，走进人民大会堂，走进中南海，走到职工群众身边，面对面讲述自己爱岗敬业、开拓进取的经历与体会。

1994 年，“工人发明家”包起帆受邀在中南海举行了报告会。

包起帆是一位从 1981 年起连续 8 次被评为上海市劳动模范的工人；1986 年担任上海港木材装卸公司副科长、助工时，获全国五一劳动奖章；1989 年被评为全国劳模；1994 年被全国总工会推选为“全国十大杰出职工”。

在中南海，包起帆讲述了自己的理想、信念和追求。

“我不是一个天生的发明家，我的智商也并

不高，回顾我这些年来所走过的历程，我是从自己的本职岗位出发，从小改小革起步，追随着企业的发展而逐步成长起来的。说句心里话，真正使我动心、动情的不是发明金奖，而是要把工友们从危险的工作环境中解脱出来，希望发明成果能够为企业增效、为职工造福、为祖国增光。”

人们认识包起帆是从20世纪80年代轰动一时的“抓斗大王”开始的。

那时，码头木材装卸工作经常导致工人伤亡，大家都管木材装卸叫“木老虎”。“1981年，我又目睹了三名工人兄弟因木材装卸而工伤死亡，三个人加起来的年龄还不到80岁。我想，码头上面的黄沙、石子能够用抓斗来抓，那么木头能不能用抓斗来抓呢?”包起帆说。

为了做出木材抓斗，包起帆成了图书馆、情报所的常客。有时为了搞到一些参考材料，他甚至骑着自行车跑遍大半个上海。经过许多个不眠之夜，他终于把木材抓斗图纸画好了。

经过反复实验，木材抓斗研制成功了。“后来当我看到门机把12米长、50—60厘米粗的美国松一大捆一大捆地抓起来，我的心都要跳出来了！”

就这样，经过几年的努力，包起帆终于完成了一个木材抓斗系列，从3吨到25吨有十几种，木材装卸全面实现了机械化。为此，工人的劳动生产率提高了2.67倍，运输船期缩短了46%，特别是工人的安全得到了保障。此后，上海港在木材装卸过程中再也没有发生过一起重大伤亡事故。

一辈子完成一项发明创造了不起，一辈子都致力于发明创造更是难能可贵。1994年走进中南海作报告的包起帆，发明创新的步子迈得更踏实了，眼光更长远了，他把世界先进水平课题作为自己奋斗的目标。

20世纪90年代中期，中国的集装箱运输和装卸全部都是外贸箱。包起帆想：能不能在内贸标准集装箱运输上动动脑筋？能不能够开辟中国第一条内贸标准集装箱航线？

经过不懈努力，克服重重困难，在交通部和港航单位的支持下，中国水运史上第一条内贸标准集装箱航线终于在1996年12月15日开通了。

几乎每一年，包起帆都会推出几种令人瞩目的创新成果；每年世界港口发明展览会上，都有镌刻着包起帆名字的成果。即使后来当了工程师、经理，甚至是上海港务集团的副总裁，包起帆的发明创新步伐也从未停止。

每当年轻的工人、技校的学生问起成功的秘诀，包起帆总是耐心地告诉他们："发明创新不是远在天边，它就在你的岗位上，平凡的岗位同样能做出不平凡的创新。我的成功，可以复制！"

从包起帆报告会到徐虎事迹报告会，从"好工人"王涛报告会到"新时期铁人"王启民事迹报告会，一时间，全国上下开展了各层次的喜闻乐见的劳模报告会，在全社会弘扬劳模精神、劳动精神，形成尊重劳模、关心劳模、学习劳模的良好社会风气。

1997 年"五一"国际劳动节前夕，全国总工会、国家经贸委联合举行了学习王启民先进事迹座谈会，时任中华全国总工会党组书记、副主席、书记处第一书记张丁华，代表全国总工会将一枚金光闪闪的五一劳动奖章佩戴在"新时期铁人"王启民胸前，并给他颁发了证书。

王启民说："今天全国总工会给我颁发全国五一劳动奖章，是对大庆的爱护和支持，因为大庆的成绩是大庆几代人拼搏的结果，我只是大庆的一个代表。我牢记铁人王进喜的话，'成绩记在党和人民账上，自己的小本子上只能记缺点和不足'。"

从全国五一劳动奖评选表彰以来，仅全国总工会和中宣部就先后推出了包起帆、徐虎、王启民、李斌、许振超、邓建军、王顺友、窦铁成、郭明义、高凤林、巨晓林等一大批重点宣传典型。各级工会也层层推出劳模宣传典型，还组织劳模报告团到各地巡讲。

如果说 20 世纪 90 年代的劳模报告团走的是"高大上"路线——高规格、大场面，那么进入 21 世纪后，劳模报告团有了新变化，各级工会组织的劳模工匠宣讲团、劳模大讲台、"中国梦·劳动美"等主题宣讲活动，进企业、进学校、进社区、进乡村、进工地、上微博，让更多职工群众能够走近劳模身边、了解劳模事迹、学习劳模精神，分享一代代劳模工匠们的精彩故事，弘扬辛勤劳动、诚实劳动、创造性劳动的理念。

宣传劳模绝非只是宣传一个人、一个群体，而是提倡一种精神追求、确立一种价值导向，这样才能引领良好的社会风尚。

1997年12月8日，全国总工会十二届五次执委会议明确强调，要“大力宣传先进模范人物的事迹和崇高思想，选树典型，推广经验，完善奖励、保护先进模范人物的措施，用工人阶级的先进思想和模范事迹影响与带动全社会”。

从劳模报告团到劳模工匠宣讲团，在各级工会组织的引领下，在劳动模范的身体力行中，全国五一劳动奖状、全国五一劳动奖章和许许多多劳模工匠的名字一起，走进了广大职工的心中，化为他们攻坚克难、砥砺前行的力量。

## 送劳模上大学

提升素质，是劳模保持荣誉、发挥作用的基础，也是做实叫响全国五一劳动奖表彰工作的基础。作为中国工运学院（中国劳动关系学院前身）劳模班的首任班主任，庄继丽见证和亲历了工会送劳模上大学的一波三折和不懈坚持。

“关爱劳模，不仅要有鲜花和荣誉，更要为他们提供‘充电’的机会。”秉持这一原则，1992年8月31日，在全国总工会的高度重视和支持下，经教育部、中组部特批，中国工运学院开办了劳模本科班，迎来了48名首届劳模班学员。他们来自18个省、自治区、直辖市，有全国劳模、全国五一劳动奖章获得者和省部级劳模，年龄最大的已逾不惑，最小的仅20岁出头。

当年的批复和复函如下：

1991年，国家教育委员会（教计〔1991〕235号文件）批复：为贯彻中央关于有计划有步骤地选送有培养前途的优秀工人到大专院校学习深造的精神，经研究，同意中国工运学院开办“工会学”专业劳动模范本科班。

1992年，国家教育委员会（教成司〔1992〕46号文件）复函：为保证本科班的新生质量，经研究，原则同意你部（中华全国总工会组织部）1992年委托中国工运学院为全国工会系统劳动模范举办预科班……要求，地、市级以上劳模；年龄在 26 周岁以上、5 年以上工龄；参加 1992 年各类成人高校全国统考并达到一定分数线。

早在 1983 年，教育部和全国总工会等八部门就联合签发了《关于省市自治区级以上先进人物升学深造的暂行规定》，规定劳动模范“报考全国全日制高等学校，年龄可放宽到二十八周岁，婚否不限，经单位推荐，可报考相应专业，参加统一考试，录取时适当降低分数……”

但由于长年工作在生产第一线，许多劳模的文化底子并不好。庄继丽记得，按当年规定，1992 年秋季首届入学的劳模必须参加全国统一的成人高考，并达到为劳模生专划的录取分数线。但是，仍有一半的报名劳模落榜了。

全国总工会不愿放弃任何一个渴望求学的劳模，但跃不过那条“录取线”，怎么办？

1992 年 7 月 6 日，全国总工会组织部和中国工运学院联名向国家教育委员会教成司递交了一份报告：

由于今年下发招生计划的时间比较晚，考生复习的时间较短，加之大多数劳模考生长年工作在生产一线，所以今年劳模考生的考试成绩不够理想。为了保证劳模考生的生源质量和数量，请求国家教委同意中国工运学院办劳模本科预科班。由中国工运学院将预科班学员统一集中补习高中课程，经考试合格后，直接进入本科班学习……

1992 年秋天，“落榜”劳模们来到北京，进入中国工运学院工会学系预科班学习。

为了尽快把劳模们的文化课补上去，中国工运学院针对他们的特点，制订了严格的教育计划和教学大纲，配备了较强的师资阵容和专职班主任。学员的数学基础参差不齐，难以统一教学，就把数学课分成快、慢两个教学班，由两位老师分别授课。此外，还特别加强了课外辅导，规定辅导课时不少于授课课时的一半。

半年后，预科班的劳模生通过了成人高考，顺利进入 93 级劳模本科班学习。

从 1991 年中国人民大学获准招收了全国第

一批劳模生到1992年，全国共有16所高校同时面向劳模招生，报名人数一度突破1000人。

然而，仅一年后，这股热潮突然降温，报名人数骤减到300人。庄继丽曾带人前往中国人民大学“取经”，接待他们的教师惊讶地说：“我们都快办不下去了，你们怎么还来学习？”

果然，1993年，全国经过高考达到录取分数线的劳模生只剩下60余人。

“1994年，14人；1995年，21人；1996年，19人……”中国工运学院劳模学员数量确实不多。“由于国家用人制度的改革和国企改革、兼并、重组等原因，部分劳模学员毕业后安排落实工作有困难，或安排的工作不如上学之前，这些因素都不同程度地影响了劳模上大学的积极性。”

了解情况后，1997年，全国总工会组织部向教育部申请，免除劳模班入学考试。

15天后，国家教委同意了全国总工会的申请。国家教委在复函（教成司〔1997〕55号文件）中说：

经研究，同意你部推荐的35名全国劳动模

范、全国五一劳动奖章获得者进入中国工运学院劳模本科班学习，使用中国工运学院高中起点本科计划……全国劳动模范、全国五一劳动奖章获得者，凡符合入学条件的，由省、自治区、直辖市工会推荐，全国总工会组织部审定，报教育部批准后，可免试进入中国工运学院劳模本科班学习。

劳模入学难的又一道关卡消除了。

1992 年以来，全国总工会专门下发了 20 多个通知、文件和批复意见，内容从为首次考试落榜劳模举办预科班、确认劳模毕业生干部身份，到安排劳模毕业生工作、全国劳动模范和全国五一劳动奖章获得者免试入学，等等，为劳模培养教育打下了政策基础。

在解决问题的同时，全国总工会致力于为劳模培养争取更多优惠政策。每年下拨劳模专项经费，免除劳模的全部上学费用，并坚持资助生活困难的劳模，奖励成绩优异的劳模，为劳模创造了舒心的学习、成长环境。

“可以用脱胎换骨来定义我的变化。”劳模班学员吴倩曾是一名公交司机，四年大学生活让她“增长了知识，开阔了视野”。曾经连发手机短信都不会的她，慢慢学会了使用电脑制作演示文稿，熟知工会学、劳动法律和管理学知识，甚至可以用英语与外宾交流……“象牙塔”里的生活使她的认知能力快速提升。毕业后，她当选了全国人大代表，之后又通过济南公交总公司储备人才竞聘机制，成功竞聘为一家分公司的副经理。

培养劳动模范也为从优秀工人中选拔干部创造了条件。

据不完全统计，截至2022年，先后有240多位全国五一劳动奖章获得者在中国劳动关系学院接受劳模本科教育。他们大多来自企业生产第一线，经过大学的学习培养，蜕变成为知识型、技术型、创新型人才。回到工作岗位后，多数成为工作单位的骨干和中坚力量。还有一些劳模在系统学习工会及劳动法律知识后，通过考试成为工会干部，为工会组织注入了新鲜血液。

送劳模上大学，受益的不光是劳模，还有企业和全社会。

# 做实劳模待遇的样本

1996 年的一天，全国总工会接到山西省总工会的来函，内容是请示“关于全国五一劳动奖章获得者的待遇问题”。

1996 年 6 月 24 日，全国总工会办公厅在复函中明确表示，“经研究，全国总工会表彰的全国五一劳动奖章获得者享受省（部）级劳模待遇”。

从 1996 年“明确表示”到 2011 年“明确规定”，中间走了 15 年。在这 15 年里，全国总工会一直在推进和落实全国五一劳动奖章获得者享受省（部）级劳模的各项待遇。

工会组织是劳模之家。1992 年颁布实施的《中华人民共和国工会法》第三十二条明确规定，“根据政府委托，工会与有关部门共同做好劳动模范和先进生产（工作）者的评选、表彰、培养和管理工作”。

始于 2000 年的劳模集中疗休养活动，是工会组织关爱劳模、推进落实劳模待遇的一个缩影。此前劳模也有疗休养的机会，但只是作为一种奖励形式，没有形成制度，属于临时性活动。

1999年11月26日至29日，时任中共中央政治局常委、中华全国总工会主席尉健行在天津考察期间多次谈到工会工作，并肯定了天津市总工会免费给劳模疗养的做法，称“这一做法很好”。

尉健行说：“全总的疗养院条件比较差，即使差，我们也要有所表示，就是要在每年夏天，请一些劳模去疗养……这可是反映我们党的政策、党的温暖啊！

“现在有些地方，有的劳模不被人重视，也没人管，好多工人都看在眼里，自然就会影响大家的积极性。如果我们能雪中送炭，尽管不能解决全部问题，但也会产生非常好的社会影响。

“包括对年轻的劳模，将来还要考虑给他们深造的机会，提干部也应考虑在先进模范人物中选拔……我们是社会主义国家，党的阶级基础是工人阶级，不依靠工人阶级我们党还有什么力量呢？这是一个根本问题。”

第二年入夏时分，即 2000 年 6 月 14 日，全国总工会的一份《关于组织全国劳动模范和先进工作者进行疗养活动的通知》(以下简称《通知》)，以红头文件的形式下发到各地工会组织。

《通知》规定，疗休养活动主要邀请在各条战线，特别是在生产、科研第一线作出突出贡献，并具有一定社会影响的全国劳动模范和先进工作者参加。

《通知》同时规定，劳模往返路费由其所在单位负责，困难企业劳模由省、市总工会负责。劳模疗养期间的食宿、体检、参观等费用由全国总工会负责。这张不足 400 字的通知，开启了劳模疗休养之旅。

2000 年 8 月 7 日，尉健行在全国总工会北戴河疗养院看望了前来疗休养的 100 名全国劳动模范和先进工作者，并与部分劳模和先进工作者代表座谈。时任中华全国总工会副主席、书记处第一书记张俊九陪同看望并参加座谈会。

首批参加疗休养活动的劳模只有 100 名。2005 年，全国总工会扩大劳模疗休养人数，首次组织 2000 名全国劳动模范、全国五一劳动奖章获得者进行疗休养。同时规定，以后每年拨款200万元作为专项经费，对劳模疗休养活动予以补助。此举表明工会组织劳模疗休养活动走向制度化。

全国各地工会也组织其他各类劳动模范开展疗休养活动，并在资金和物质条件方面给予适当的补助和扶持。同时，“向一线劳模倾斜，由工会和单位承担全部费用”，“特别是劳动强度大、工作环境艰苦的劳模，以及在重大战略、重大工程、重大项目、重点产业中作出突出贡献的劳模，优先考虑从未参加过疗休养的劳模”成为一种惯例，并延续至今。

近年来，参加疗休养的劳模数量不断增多，从最初的100名到2016年刷新纪录达到5000名。其中，绝大多数是来自生产一线特别是条件艰苦、劳动强度大，在重大工程和重点科研项目中成绩突出的劳动模范。

作为关心关爱劳模的一项切实举措，全国总工会建基地、订计划，出台了管理办法，把这项活动落到了实处。各地工会组织则根据当地实际出台了多层级的劳模疗休养办法。

2019年12月，依据党和国家功勋荣誉表彰工作委员会指示精神和《功勋荣誉表彰奖励获得者待遇规定（试行）》，全国总工会制定了《关于进一步加强和规范劳模疗休养工作的意见》，提出“坚持面向基层、面向一线、面向普通劳动者开展劳模疗休养，重点安排劳动强度大、工作环境艰苦、发挥骨干作用的劳模”；“劳模疗休养活动以促进劳模身心健康为主要目标，鼓励引导劳模相互交流、学习提高，适当安排参观考察”；等等。

每年的劳模疗休养之旅，既为劳模提供了休息调养机会，更创造了“充电”的良机，传递着党和国家对劳模的尊重与关怀。那一张张笑脸，洋溢着满满的幸福。

这是历年全国总工会组织劳模疗休养中的几个镜头——

“以前，很多人见到我都绕道走。如今，时代进步了，我不仅得到社会的接纳，还当选为劳模。”上海龙华殡仪馆高级技师张宏伟说，年轻时，他曾对自己的工作非常介意，但师傅告诉他，人生要走一步总结一步，不能轻言对错。

"这回参加了劳模休养团，让我更加体会到，劳动不分贵贱，只要认真、努力，都会有自己的精彩，都会受人尊重。"

北戴河的夏天，张云泉的身影出现在劳模疗休养队伍中。从事信访工作 26 年，很少有人相信，这是他第一次参加劳模疗休养活动，"也是第一次来北戴河"。张云泉格外珍惜与劳模相处的时间，几乎参加了疗休养安排的全部集体活动。"跟大家在一起互相交流，取长补短，非常愉快，整个人都感觉年轻了。"张云泉说。

"帮我在城墙边拍张照片好吗?"武汉公交集团 531 路公交驾驶员张兵边说边把自己的手机递给了身边的劳模。照片拍好后，他熟练地打开手机微信，将照片发给妻子，"让家人也感受一下工会组织对劳模的关心和爱护"。获得五一劳动奖章后，张兵陆续参加了工会组织的很多活动，特别是跟一些老劳模交了朋友。他说："窦铁成师傅、徐小平劳模，他们的学习劲头太值得我学习了。"

在北戴河文化宫，一曲京剧《咏梅》赢得台下观众的阵阵掌声，演出者是江苏省京剧院名誉院长黄孝慈。与以往不同的是，这次演出她没有画油彩，没有吊眉，没有穿戏服，只有肩膀绶带上的“劳动模范”四个字在舞台的聚光灯下熠熠生辉。这是黄孝慈第一次参加劳模疗休养活动。到全国总工会报到前，她刚刚结束为期十几天的全国第七届青年演员京剧电视大赛的复赛评委工作。“组织上能够想到我们，让我们能换个环境，好好休息一下，我觉得挺幸福的。”黄孝慈说。

在参观中国人民抗日战争纪念馆的劳模人群中，一位面庞清秀、穿着浅粉色连衣裙的姑娘，自始至终特别认真地听讲解员讲述抗战历史，并时不时地点点头。这位全国五一劳动奖章获得者叫姜鹏鹏，25 岁，是长沙神农大酒店餐饮部的服务员。“以前在课堂上、书本里也学了一些日本侵华历史，但这次参观抗日战争纪念馆的经历让我了解了更多真相，我永远都不会忘记。我们这一代年轻人必须时刻警醒、勿忘国耻、奋发图强。”姜鹏鹏说，“这次活动让我受到爱国主义熏陶，非常有意义。”

……

疗休养时间通常安排一周左右。根据中央八

项规定精神和厉行勤俭节约的要求，全国总工会组织有条件的疗休养基地开展丰富的疗休养活动。

比如，2008 年 12 月，全国总工会组织了“劳模参观考察改革开放成果”活动，300 余名劳模代表分三路，前往广东、上海、江苏、北京、天津、唐山等地感受祖国改革开放后经济的迅猛发展。

截至 2023 年，全国总工会共组织劳模疗休养约 6.3 万人次。2020 年至 2022 年，各级工会累计组织劳模和职工疗休养达 876.9 万人次。

这一旨在关爱劳模的制度性安排，体现了党和政府对劳模的关怀和尊重，是弘扬劳模精神、劳动精神、工匠精神的具体体现。劳模疗休养的制度化，也为全国五一劳动奖的“奖励与待遇”制度化，提供了鲜活而生动的实践样本。

在 2023 年“五一”劳模联谊会上，全国总工会党组书记、副主席、书记处第一书记徐留平致辞指出，各级工会要进一步做好劳模疗休养工作，加大宣传、创新形式、擦亮品牌、提高实效，把党和国家的关心关怀送到劳模心坎上，影响和带动更多职工成长成才。

第三章

# 突　破

党的十五大报告首次提出“非公有制经济是社会主义市场经济的重要组成部分”之后，党和政府对非公有制经济的作用越来越重视。

1999 年 3 月，九届全国人大二次会议通过《中华人民共和国宪法修正案》，在《中华人民共和国宪法》第六条中增加“国家在社会主义初级阶段，坚持公有制为主体、多种所有制经济共同发展的基本经济制度，坚持按劳分配为主体、多种分配方式并存的分配制度”的规定。

迎着 21 世纪的初阳，非公有制经济发展的春天来了，北京奥运会带动的经济周期来了，WTO（世界贸易组织）的全球化列车也来了……开放的中国成为世界目光聚焦的热土。

新世纪，新认识，新突破，新故事。

这意味着，民营企业负责人和农民工参评劳模的时机成熟了，他们出现在全国五一劳动奖名单上也就顺理成章了。

# 跨　越

2002 年 4 月 19 日，全国总工会如期举行新闻发布会。看似按照惯例进行的五一劳动奖表彰新闻发布会，却爆出了一条颇不寻常的消息："这次评选，首次将民营企业负责人列入全国五一劳动奖的劳动奖章评选范围，评选出 4 位民营企业负责人。"

见证历史一幕的四位民营企业主分别是：北京汇源饮料食品公司董事长朱新礼、宁夏香山酒业集团公司董事长张金山、浙江奥康集团有限公司董事长王振滔、浙江天皇药业有限公司董事长陈立钻。其中，两人是中共党员。

新闻发言人一连用三个"创新"介绍这次评选出的全国五一劳动奖章获得者的特点——绝大多数都在技术创新、管理创新和体制创新中取得显著成绩，文化程度也比以前有较大提高。

而对全国五一劳动奖来说，突破了以往的框架束缚，首次将民营企业负责人列入先进模范评选范围，不也是一种创新吗？

“民营企业主也可以评劳模”的消息在当时引发了社会广泛关注和热议。国内主流媒体一致认为，此举说明了包括民营企业主在内的中国社会新阶层真正被社会接纳为社会主义建设者。

随着对外开放的不断扩大、经济体制改革的不断深入，我国的社会阶层构成发生了新的变化，出现了包括民营科技企业的创业人员和技术人员、受聘于外资企业的管理技术人员、个体户、私营企业主、中介组织的从业人员、自由职业人员等在内的新阶层。而且，他们中的许多人在不同所有制、不同行业、不同地域之间频繁流动，职业、身份经常变动。

从 20 世纪 50 年代开始的劳模评选，从未把民营企业主作为参评对象。从 1985 年开始，到 2002 年，除 1989 年、1994 年、1995 年、2000 年筹备或召开全国劳模大会外，其余年份如期进行的全国五一劳动奖已经评选表彰了 14 次，近 1.5 万人获得了五一劳动奖章，但民营企业主一直榜上无名。

“民营企业负责人也是劳动者和建设者。”在谈到为什么要评选民营企业主为劳模时，全国总工会有关负责人说："只要为国家的经济建设作出了贡献，都可以当选。这次全国四位民营企业主获得全国五一劳动奖章，说明奖章的评选工作也在与时俱进。"

那么，那时的民营企业在国家的经济建设中到底有哪些贡献？且看一组来源于国家统计局关于民营企业 2001 年度贡献力的数据。

国家统计局普查中心对 2001 年第二次全国基本单位普查结果的分析表明，我国民营企业已经步入快速发展时期，占全部企业近"半壁江山"。

1996 年至 2001 年，民营企业单位数从 44.3 万家增加到 132.3 万家，年均增长 24.5%；从业人员从 802.2 万人增加到 3170.3 万人，年均增长 31.6%；资本金从 3043 亿元增加到 14068 亿元，年均增长 35.8%；全年营业收入从 4110 亿元增加到 31883 亿元，年均增长达到 50.6%，五年翻三番。

随着民营企业总体规模的扩大，其在国民经济中的地位逐步提高。2001 年末，民营企业单位数占全部企业数的43.7%，比1996年提高了26.9个百分点；从业人员占全部企业从业人员的19.2%，提高了14.8个百分点；资本金占全部企业资本金的10.3%，提高了7个百分点；全年营业收入占全部企业年营业收入的13.2%，提高了11.2个百分点。

随着民营企业行业布局的调整和规模的扩大，其已经成为国有企业、集体企业职工下岗再就业的重要渠道。1996年至2001年五年间，我国民营企业从业人员规模翻了近两番，在国有企业、集体企业减员的情况下，净增从业人员2368.1万人，大大缓解了社会就业的压力。

全国五一劳动奖正是对从全国各行各业中涌现出来的作出突出贡献的先进个人和先进集体的表彰。适应中国社会、经济的发展，把民营企业负责人纳入评选表彰行列，在历史上首次把全国五一劳动奖章颁发给民营企业主，真正体现了“民营企业主也是有中国特色社会主义事业的建设者”，从而使他们有机会获得与其贡献相当的荣誉。

那时，判断人们政治上先进与落后的标准，不再简单地把有没有财产、有多少财产当作依据，而主要看他们的思想政治状况和现实表现，看他们的财产是怎么得来的以及对财产怎么支配和使用，看他们以自己的劳动对建设有中国特色社会主义事业所作的贡献。

正如全国总工会有关负责人在回答记者提问时说，全国五一劳动奖不会对民营企业或民营企业负责人设置苛刻条件，只要民营企业有工会组织，无严重侵犯职工权利行为，通过诚实劳动和工作，通过合法经营，为发展社会主义社会的生产力和其他事业作出了贡献，不管是国有企业，还是非国有企业，评选标准都一样。

全国五一劳动奖的大胆突破，表明了这个奖项的先进性和代表性。

民营企业主当劳模，从零个到四个，这一小步，却实现了一个历史性的大跨越。

浙江奥康集团有限公司董事长兼总裁王振滔毫不掩饰地表达了“作为一名民营企业主获得全国五一劳动奖章”的意外与惊喜。在他看来，这要感谢党多年来对非公有制企业的正确领导，感谢全国总工会、浙江省总工会及温州市总工会对奥康集团的指导，“否则，奥康集团就不会有今天”。

王振滔说：“我以前对‘劳模’这一称号从来不敢去想，更不会去申报。在我的印象中，只有工人、农民才能当劳模。”在他看来，民营企业主荣获全国五一劳动奖章，不仅是他个人的荣誉，而且是全国民营企业主共同的荣誉。

北京汇源饮料食品公司董事长兼总裁朱新礼，同样受邀在北京人民大会堂接受了全国五一劳动奖章。朱新礼也是一位获得过不少荣誉称号的民营企业负责人，但是，以民营企业主的身份荣获全国五一劳动奖章，还是第一次。他最大的感受是：“通过这个事，可以感到民营企业和其他企业是平等的，大家都站在一条起跑线上，待遇都是一样的，虽然国家没有在我们的企业投资，但是我作了贡献，这个贡献又得到了回报，是值得的。”

获表彰的民营企业主的心声，表达了各行各业先进模范对全国五一劳动奖的认可。

王振滔描绘了他获得全国五一劳动奖章后的

新打算——再投资1500万元，兴建面积达1.8万平方米的员工生活小区，向员工赠送人身保险，让员工更安心地工作；进一步做好爱心基金的发放工作，为员工排忧解难；建立健全工会的配套组织，落实岗位责任，维护员工权益；实施暖心工程，建立职工之家；加大培训力度，提高员工整体素质，确保安全生产；致富思源，积极投身公益事业，为社会作出应有的贡献。他说："我们要按照上级工会组织的指示，高标准、严要求地做好非公有制企业的工会工作。"

2003年，全国总工会首次把全国五一劳动奖状颁发给八家民营企业。这八家企业广泛分布于各个行业，分别是北京汇源饮料食品集团、浙江宝业集团、浙江传化集团、营口盼盼安居公司安全门分厂、重庆华邦制药公司、湖北凯乐新材料科技公司、广东步步高电子工业公司和内蒙古源源能源公司。

全国总工会有关负责人表示，全国五一劳动奖状的推荐评选，重视非公有制经济的贡献，体现了党的十六大报告精神，一切为我国社会主义现代化建设作出贡献的劳动都是光荣的，都应该得到承认和尊重，对他们中的优秀分子都要表彰。

继2002年四名民营企业主首次获得全国五一劳动奖章后，2003年又有三名民营企业主获此殊荣。2004年人数大幅增加，来自民营企业的六名一线工人和12名管理人员榜上有名。

至此，全国五一劳动奖的评选和表彰，翻开了突破体制、身份藩篱的新篇章。同时，也大力促进了非公有制企业的工会工作开展。

此后，五一劳动奖评选表彰高度重视选树非公有制经济中的先进典型。以2023年为例，全国五一劳动奖状、全国五一劳动奖章中非公有制比例分别占41.5%、37.8%，高出规定比例6.5个、2.8个百分点。经济发达地区更为突出，如江苏非公有制企业在五一劳动奖状、五一劳动奖章中占比都超过了半数。

## 从推选到“两审三公示”

全国五一劳动奖的评选方式是民主推荐，评

选程序是推荐人选自下而上产生，须经所在单位民主推荐、职工（代表）大会讨论通过，上级工会审核同意，全国总工会审批。

改进评选程序和机制，让评选出来的先进人物和先进集体立得住、站得稳、叫得响，经受得住实践、群众和历史检验，是提升全国五一劳动奖章和全国五一劳动奖状这个品牌的公信力和影响力的基本前提。自评选表彰以来，各级工会与时俱进地改进劳模评选的范围、标准、程序和方式，不断健全评选机制，力求以科学的制度设计，确保评选质量更加过硬。

2004年，是全国五一劳动奖评选历史上一个重要的时间节点。

就在这一年，评选首次采取了“两审制”办法：推荐人选自下而上产生，并经所在单位民主推荐、职工（代表）大会讨论通过，首先在本单位公示后，由各省（区、市）总工会报全国总工会初审；初审同意后，在推荐对象所在省（区、市）范围内公示；公示无异议，报全国总工会进行复审。

据介绍，全国总工会的初审和复审，是为了

严格把握面向基层和生产建设第一线的评选原则，注重先进集体和先进个人的代表性，严格把关，杜绝评选中可能出现的人员身份虚报情况。

首次实行“两审制”，收效良好。2004 年评出的全国五一劳动奖章获得者中，有一线职工 569 人，占 56.62%，其中班组长 168 人、占 16.72%，企业负责人 62 人、占 6.17%。

此外，对于申报全国五一劳动奖状的企业和申报全国五一劳动奖章的企业负责人，还加设了特别审查程序，即这些企业负责人须经当地县市以上工商、税务、劳动保障多个部门审查同意，并从组建工会、签订集体合同、收缴工会会费和保障职工权益等方面进行严格审查。

国有或国有控股企业负责人还需要经过审计、纪检、监察等部门同意。

申报全国五一劳动奖章的党政机关（含社会团体）领导干部，要按照干部管理权限，征得有关部门同意。

“两审制”的严格筛选，最大限度地挤出了荣誉称号中不该有的“水分”。

其实，早在 1998 年，全国总工会就明确提出：全国五一劳动奖评选坚持“三严”原则，即严格评选程序，严格审查，严格把关。

2002年，各地工会推荐上报的全国五一劳动奖候选先进个人和先进集体，开始在当地新闻媒体进行公示，接受社会监督。

2003年，公示产生的社会效应开始显现。全国总工会在新闻发布会上透露，各地工会推荐的单位和人选已在当地新闻媒体上或一定范围内张榜公示，接受群众监督；对群众的举报，各地进行了调查核实，提出了明确意见。

至此，“两审三公示”已是水到渠成，同时表明全国五一劳动奖的评选工作机制已日趋健全。

2005年，全国总工会与人力资源和社会保障部一道，在全国劳动模范和先进工作者评选中首次采取了“两审三公示”办法。

“两审”是指对各类人员比例和推荐人选基本情况进行初审和对推荐人选事迹进行复审。

“三公示”是指推荐人选除按惯例在本人所在单位和地区公示外，还首次在全国实行公示，以更广泛地听取群众意见，接受社会监督。

2005 年 4 月 14 日，在全国劳动模范和先进工作者表彰大会召开前夕，2977 名先进模范人物推荐人选向全国公示。这在全国先进模范人物评选工作历史上是第一次。

这次公示，不仅使人们对先进模范人物推荐人选的姓名、性别、民族、工作单位、职务一目了然，同时还公布了有关部门的电话、传真、电子邮件、地址等，方便广大群众反映意见和提出建议。

一时间，此举在社会上引发各种热议。无疑，全国公示带给劳模评选工作的最大变化是，整个评审工作自下而上透明化，落实了群众在其中的知情权、参与权、选择权和监督权，从而把先进模范人物的评选工作做得更好。

第二年，即 2006 年，全国五一劳动奖候选个人和集体首次通过权威媒体向全国公示，标志着“两审三公示”回灌到全国五一劳动奖的评选工作中。此前，全国五一劳动奖的评选工作已经实行了“两审两公示”。

推荐、审核，是评选工作的重中之重。采用“两审三公示”办法，就是要让评选工作接受社会监督，实现评选过程让群众参与、评选结果让群众认可。

那么，初审、复审都审查什么内容？

严把初审关，是审核各项比例是否符合评选通知要求，特别是县处级领导干部的比例、企业负责人的比例和基层、一线的比例，等等。

严把复审关，是审简历、审事迹、审各相关部门的审核意见。

此外，严把公示关，看推荐人选是否经过了“三级公示”，特别是在省级公示和全国公示中有群众举报的，要严格按照程序进行认真核查，保证评选工作质量。

在评审过程中，全国总工会认真对待群众举报。2006 年全国五一劳动奖候选个人和集体首次向全国公示后，全国总工会共收到群众来信或电话举报七个，涉及六个省市。全国总工会对举报涉及的人和事，及时通知有关省市总工会进行调查核实，作出书面答复。对确有问题的，撤销其推荐资格。

之后，各地工会在省级劳模评选中也加强了评选审查，严把“四道关”——推荐关、初审关、复审关和公示关，并在一些关键环节开始实行“一票否决”，特别是有违反企业用工规定，无故拖欠职工工资，不按规定缴纳社会保险费问题的企业，其负责人没有被推荐参评的资格。

长春市总工会强调会签制度，即对企业、事业单位负责人等人选实行职工代表大会审议通过，审计、纪检、工商、税务等相关职能部门把关会签，以程序的严格保证人选质量。

山西省总工会明确要求，对涉及侵犯职工合法权益、发生安全生产事故、环境保护不达标的单位和个人实行“一票否决”参评制。2009 年，山西在进行全省五一劳动奖表彰评选时，先后有一个集体、一名个人被取消评选资格，并且不再增补。

江苏省也明确规定，在省五一劳动奖状、五一劳动奖章推荐评选中采取“一票否决”制，凡违反国家政策法规，发生重大安全生产事故，拖欠职工工资，欠缴职工养老、工伤、医疗等保险和工会经费，未依法组建工会，未签订集体合同、劳动合同的企业和企业负责人均不得参加评选。在后来的审核中，江苏省总工会确实发现了类似情况，“发生过安全事故的，还有存在污染环境问题的”，都被“一票否决”刷下。

……

从2006年起，全国五一劳动奖同时进行“网上公示”。2008年，根据群众举报和安全生产管理等部门的意见，在公示后，调整了4个先进集体、12名先进个人。

根据各地工会的自行探索，全国总工会在2011年明确细化了“一票否决”制度的内容，规定：有拖欠职工工资，欠缴职工养老、工伤、医疗、失业、生育保险和工会经费，违反国家计划生育政策，未组建工会、未签订集体合同，企业劳动关系不和谐，能源消耗超标，环境污染严重等情形之一的企业和企业负责人当年不得作为推荐对象；发生重大安全生产事故、严重职业危害或群体性事件的企业和企业负责人自事发起三年内不得作为推荐对象。

2016年起，全国总工会在初审阶段首次增加审查推荐对象所在单位职工代表大会（或职工大会、职工代表大会联席会议）决议（纪要）、公示证明和省（部）级表彰的荣誉基础等相关材料，确保推荐对象在广泛征求职工群众意见的基础上，经过民主推荐产生。按照评选程序，坚持实事求是，从严从紧，宁缺毋滥，凡是有疑点的统统取消资格。

从“两审三公示”到“网上公示”，全国五一劳动奖的评选过程更加透明化。随着网络的普及和大数据的应用，评选工作在推荐评审时，充分利用互联网技术、各有关部门的经营异常名录和黑名单，对拟表彰人选实行更严格的网络核查。所有推荐对象逐一通过网络广泛搜索，对不符合评选条件和标准的，全国总工会均要求相关推荐单位进行核实或调整。

评选容不得半点马虎，公开公正的制度与科学有效的机制，确保了全国五一劳动奖状、全国五一劳动奖章的公信力和影响力。

## 从一个到上千个

2004 年 4 月 21 日，中央电视台《新闻联播》

播发了一条消息："今年的1005名全国五一劳动奖章获得者中有一位土建施工队长，他是第一个也是目前唯一一个获此荣誉的进城务工人员，他叫鲍先锋。"

这位来自山西的第十三冶金建设公司浙江临海土建施工队长，顿时成为人们关注的对象。

全国五一劳动奖表彰名单中，第一次出现进城务工人员，这又是一个很大的突破，充分说明进城务工人员的积极贡献越来越得到全社会的广泛关注和普遍认同。

2004年中央一号文件指出："进城就业的农民工已经成为产业工人的重要组成部分，为城市创造了财富、提供了税收。城市政府要切实把对进城农民工的职业培训、子女教育、劳动保障及其他服务和管理经费，纳入正常的财政预算，已经落实的要完善政策，没有落实的要加快落实。"

那一年，鲍先锋代表的进城务工人员已达9900万人，劳动收入达5000多亿元，占农民家庭现金收入的三分之一，他们为国家的工业化、城镇化和现代化建设作出了巨大贡献。无论是"鸟巢"的建设工地、高铁大动脉的延伸现场，还是机器轰鸣的车间、日新月异的城市，都离不开他们的付出。进城务工人员这个群体正以其吃苦耐劳的品质、有目共睹的贡献，改变着社会的评价，提升着自身的地位。他们，是共和国光荣的建设者。

2004 年，全国总工会统计显示，进城就业的农民工预计以每年 500 万人的数量增长。

新世纪新阶段，巩固党的阶级基础，扩大党的群众基础，迫切要求把更多劳动者组织到工会中来。面对所有制结构和企业状况发生的深刻变化，职工队伍在迅速发展壮大的同时，流动性也显著增强，中国工会鲜明地提出了“组织起来、切实维权”的方针，坚持把农民工作为职工队伍的新生力量，以农民工为重点对象，创新工会建会思路、组织形式和活动方式，大力推动新经济组织、新社会组织组建工会，非公有制企业工会工作获得巨大发展。

1：9900 万——虽然在有着近 1 亿人的农民工群体中，只有一个鲍先锋，但这只是一个开始。

2008 年 4 月 17 日，时任中华全国总工会副主席、书记处第一书记孙春兰在全国工会领导干部理论研讨会上表示，工会要在评选各级劳动模范、五一劳动奖章和各类先进时适当增加农民工名额。10月7日，中国工会第十五次全国代表大会召开前夕，孙春兰向中外媒体介绍，中国工会十五大首次选出47名农民工代表，主要来自制造（18人）、建筑（12人）、环卫（6人）、餐饮服务（4人）等行业，其中获得市（地）以上先进模范称号的有31人。

弘扬劳动光荣、技能宝贵、创造伟大的时代风尚，每个人都有人生出彩的机会。

2008年11月4日至6日，时任中共中央政治局委员、中华全国总工会主席王兆国在江苏考察调研。在解放军第5311厂，他饶有兴趣地参观了程军荣农民工劳模创新工作室。

程军荣凭着十几年如一日的刻苦钻研，从仅有初中文化程度的农民工成长为练就一手绝活儿的车工，屡屡破解技术难题，被授予全国五一劳动奖章。

听了介绍，王兆国亲切地拉着程军荣的手说：“新时代的劳模不仅要有吃大苦、耐大劳的

‘老黄牛’精神，还要学习新技术、掌握新本领、作出新贡献，以你们的榜样作用带动形成一支学习型、知识型、创新型的高素质职工队伍。”

随着农民工成为产业工人的主体，全国总工会高度重视选树农民工先进典型，连续多年就农民工所占全国五一劳动奖章总人数的比例做出了具体规定，并逐年提升，自 2012 年起保持在 10%以上。2012 年，共有 126 名农民工获得全国五一劳动奖章，占推荐人选总数的 10.21%。2019 年，全国五一劳动奖章推荐人选中农民工所占比例再次上升，占到 15.0%。2023 年，获得全国五一劳动奖章的农民工有 167 名，占推荐人选总数的 16.9%，再创新高。截至 2023 年，总共有 1431 名农民工获得了全国五一劳动奖章。

从一个到上千个，农民工获颁全国五一劳动奖章的数量变化，是他们对美好生活不断追求、不懈努力的成绩单，这份成绩单是社会对农民工贡献普遍认可的回馈，也激励着农民工群体继续努力地工作、生活。

从 0 到 16.9%，农民工获颁全国五一劳动奖章所占比例上升的背后，折射出农民工地位的提高，表明关爱农民工、尊重劳动者逐步成为社会的共识。

## 坚持“三个面向”

每年“五一”国际劳动节前夕，党和国家领导人总是深入企业车间、田间地头、城市社区，亲切看望广大基层劳动者和劳模代表。

2004 年 4 月 30 日下午，正在江苏省考察工作的胡锦涛同志来到南京熊猫集团看望职工群众，并同江苏部分全国劳动模范座谈。

在听取劳模代表发言后，胡锦涛同志说，我国工人阶级作为改革开放和现代化建设的主力军，为经济发展和社会进步作出了巨大贡献。劳动模范是工人阶级的优秀代表，你们以强烈的主人翁责任感，立足本职，忘我劳动，积极进取，争创一流，集中展示了当代中国工人阶级的时代风貌和崇高品格，不愧为民族的精英、国家的栋梁、社会的楷模。党和人民感谢你们。希望广大劳模珍惜荣誉，发扬成绩，在新的征途上再创新业绩、再建新功勋。

胡锦涛同志强调，劳动模范是党和国家的宝贵财富。各级党委和政府要始终坚持全心全意依靠工人阶级的方针，重视发挥劳动模范的作用，热情关心劳动模范的工作、学习和生活，细致入微地为劳动模范排忧解难，推动全社会进一步形成尊重劳模、爱护劳模、学习劳模、争当劳模的良好风尚。①

全国五一劳动奖，自从诞生的那年起，就在《中华全国总工会关于颁发五一劳动奖章和五一劳动奖状决定的通知》中得到明确规定：评选重点放在基层，放在生产建设第一线。

翻阅历年的表彰名单，获得全国五一劳动奖章的先进个人中，来自基层和生产一线的比例均超过50%。

1989年全国劳模大会筹委会做出的“在各地评选的人员比例中，一线工人不得少于32%”这项硬性规定，也可以从一个侧面显示出劳模评选的重点。

① 新华社南京2004年4月30日电。

“面向基层、面向一线、面向普通劳动者”，是贯穿全国五一劳动奖的主基调。

且看一组数据：

在全国五一劳动奖章颁发的第二年，即1986年，全国总工会发布了一个具体数字。在1071名获奖者中，活跃在生产、服务第一线的工人有295人，占荣获全国五一劳动奖章总人数的29%，比上年大为增加；

1987年，获得全国五一劳动奖章的先进人物共1048人，其中生产一线工人占了三分之一；

1990年，全国五一劳动奖章颁给1060名先进个人，其中一线工人326名、班组长176名；

1991年，全国五一劳动奖章授予1047名先进个人，生产一线工人占42%；全国五一劳动奖状授予191个先进班组和135个先进企事业单位；

2004年，荣获全国五一劳动奖章的1005名先进个人中，一线职工569名，占56.62%；班组长168名，占16.72%；

……

然而，一段时期以来，也有不少企业管理者

竞相争夺这个“头衔”，一些机关事业单位领导千方百计往里挤，个别地方甚至出现了企业家、官员冒充基层人员、科研技术人员参与劳模评选的情况，这显然偏离了全国总工会设立全国五一劳动奖的初衷。

全心全意为广大职工群众服务，是工会一切工作的出发点和落脚点。工会组织开展的自行表彰、选树劳模活动同样如此。

随着全国五一劳动奖候选名单的逐级公示，针对基层群众的一些呼声，全国总工会根据各行各业人员结构的新变化，在2006年明确规定和细化了推荐评选比例，强调要重视推荐长期工作在生产一线、在平凡岗位上作出突出贡献，体现新时期工人阶级先进性的普通劳动者。增加一线职工比例的同时，严格控制企业负责人和县处级党政干部比例，确保全国五一劳动奖这个品牌牢牢保持“面向基层班组、面向一线职工”的群众本色。

全国总工会明确规定，在推荐申报全国五一劳动奖状的先进集体中，班组数量不得低于总数的50%；在推荐申报全国五一劳动奖章的先进个人中，企业一线工人和专业技术人员须在55%以上，科教人员不少于20%，企业负责人不超过6%，其中女职工所占比例不得低于25%。要重视推荐农民工中的先进模范，要有一定数量。县处级党政（含群众团体）领导干部每个省（区、市）不超过1人，司局级（含）以上党政领导干部不参加评选。

同时，全国总工会明确了所占比例人群的具体范围：

凡具有法人资格的企业董事长、党委书记、总经理、厂长，以及不具有法人资格的中央企业下属三级（含）以上企业、省属企业下属二级（含）以上企业的上述人员，均为企业负责人。

班组是指企业事业单位中最基本的生产管理单位。

企业一线工人是指企业中车间主任（含）以下的职工；专业技术人员是指企业中专职从事技术工作的人员。

事业单位的领导干部与党政机关同级干部同等对待，但在教学、科研等方面作出特殊贡献的专家或学术带头人，可以按科教人员对待。

此外，全国总工会规定，凡违反国家政策、法规，发生重大安全生产事故和严重职业危害，拖欠职工工资，欠缴职工养老、工伤、医疗、失业、生育保险和工会经费，未组建工会、未签订集体合同的企业和企业负责人不能参加评选。

2006 年 1 月 4 日，全国总工会办公厅颁发了《关于推荐评选全国五一劳动奖状、全国五一劳动奖章的通知》，除明确规定了人员结构所占的推荐比例外，还明确了“为广泛接受群众监督，所有拟表彰对象在《工人日报》等全国媒体上公示”。

同年，全国五一劳动奖状、全国五一劳动奖章推荐评选涌来一股清流：一线职工和科教人员的数量明显增加，一线职工超过了半数，科教人员比上年评选增加了五个百分点；企业负责人的比例得到了严格控制，对有领导职务的人选，凡上报身份与实际身份不符的，都责成推荐单位予以更正或调整。

随着“两审三公示”的严格实行和新的评选要求的出台，各地工会组织纷纷把评选活动重点锁在“基层、一线、普通劳动者”，确保全国五一劳动奖逐年向基层倾斜，向一线倾斜，向普通劳动者倾斜。

上海市总工会在设立上海市五一劳动奖章、上海市五一劳动奖状表彰奖项的通知中，明确提出评选原则——“坚持面向基层、面向一线、面向经济社会发展的各条战线”。

山西省总工会强调“个人身份不得变通，以严肃评审纪律”的同时，为确保一线人员比例，立足于劳动模范产生于工会组织开展的劳动竞赛活动这一特质，明确了通过竞赛发现培养先进典型的思路，并要求把竞赛活动的业绩作为劳动模范和五一劳动奖章的重要评选条件。

……

正如全国五一劳动奖实行网上公示后，一些网友留言点赞“一线劳模多了”时所言：劳模是广大劳动者的一面旗帜，为全社会树立起了劳动标杆和榜样，正是他们接地气的身份，让广大职工群众感到可亲、可近、可学。

2014 年 4 月 29 日，中央国家机关工会联合会在北京人民大会堂隆重表彰一批获得五一劳动奖状、五一劳动奖章的先进集体和先进个人，时任中华全国总工会副主席、书记处第一书记陈豪要求，中央国家机关各级工会组织要以评选表彰先进为契机，大力宣传和弘扬先进事迹，努力营造尊重劳动、尊重知识、尊重人才、尊重创造的良好氛围；通过学先进、赶先进活动，团结动员广大干部职工坚定信心、多作贡献，化挑战为机遇，变压力为动力，为推动全面深化改革充分发挥工人阶级主力军作用。

2020 年 4 月 27 日，全国总工会办公厅发出《关于进一步加强和规范五一劳动奖评选表彰工作的通知》，明确界定了企业一线职工和机关事业单位一线干部。该通知发出以来，各级工会组织把“三个面向”原则坚决贯彻落实到评选表彰中去。

通过五一劳动奖的评选表彰，一线劳模多起来、亮起来，才能真正激励绝大多数人产生共鸣，汲取力量。

第四章

# 影　响

2015年，中共中央总书记、国家主席、中央军委主席习近平在庆祝“五一”国际劳动节暨表彰全国劳动模范和先进工作者大会上的讲话中指出：“我们所处的时代是催人奋进的伟大时代，我们进行的事业是前无古人的伟大事业，我们正在从事的中国特色社会主义事业是全体人民的共同事业。全面建成小康社会，进而建成富强民主文明和谐的社会主义现代化国家，根本上靠劳动、靠劳动者创造。因此，无论时代条件如何变化，我们始终都要崇尚劳动、尊重劳动者，始终重视发挥工人阶级和广大劳动群众的主力军作用。这就是我们今天纪念‘五一’国际劳动节的重大意义。”①

30多年来，除筹备全国劳动模范和先进工作者大会的年份外，全国总工会每年都会在“五

---

① 新华社北京2015年4月28日电（刊登于《工人日报》2015年4月29日）。

一”国际劳动节集中授予全国五一劳动奖，隆重表彰优秀劳动者。此举正是为了更好地弘扬劳模精神、劳动精神、工匠精神，弘扬工人阶级的伟大品格。

30多年来，全国五一劳动奖的推荐评选过程就是大力弘扬劳模精神、劳动精神、工匠精神的过程，召开大会的过程就是大力宣传先进劳模和先进集体的突出业绩，最广泛地激励和动员全国亿万职工群众为全面建设社会主义现代化国家建功立业的过程。

30多年来，全国五一劳动奖在全社会产生了广泛影响，成为工会工作的社会化品牌。从各行各业的亿万劳动者中脱颖而出的杰出代表，是时代领跑者，是建设社会主义物质文明、政治文明和精神文明的先锋，用实际行动诠释爱岗敬业、争创一流，艰苦奋斗、勇于创新，淡泊名利、甘于奉献的劳模精神，崇尚劳动、热爱劳动、辛勤劳动、诚实劳动的劳动精神，执着专注、精益求精、一丝不苟、追求卓越的工匠精神，发挥示范引领作用，在全社会奏响了劳动光荣的时代强音，汇聚起全面建设社会主义现代化国家的磅礴力量。

## 《暂行办法》出台

劳动模范工作是运用榜样力量激励和鼓舞群众投身改革开放和社会主义现代化建设事业的群众工作，是工会工作的重要内容。

劳模工作不仅各级党委、政府十分重视，而且社会关注度高。怎么培养、怎么选树、怎么发挥作用、怎么管理等，都牵动着广大职工群众的目光。

2011 年 2 月，全国五一劳动奖迎来了其发展历史上极为重要的一年。

全国总工会制定并印发了《关于加强劳动模范工作的意见》（以下简称《意见》），提出进一步做好新形势下劳模工作的“八点意见”。

其中，提到“完善评选机制，认真做好劳模评选工作”时，《意见》指出：评选劳模是劳模工作的首要环节，是保证劳模质量的关键。

要以建立健全评选机制为基础，牢牢把握劳

模评选工作的正确方向，坚持把政治坚定、品德高尚、勤奋敬业、勇于创新，在社会主义经济建设、政治建设、文化建设、社会建设、生态文明建设和党的建设等方面作出突出贡献，作为评选劳模的必备条件。

要坚持面向基层、面向经济社会发展的各条战线和社会各个阶层，尤其要面向经济建设主战场，注重选树长期工作在生产一线、在平凡岗位上作出突出贡献，具有奉献精神和时代特点的普通劳动者，使工人、农民和知识分子成为劳动模范的主体。

要适应非公有制经济不断发展、农民工队伍日益壮大的新形势，加大非公有制企业从业人员和农民工在劳模中的比重。

要重视劳模培养工作，把培养劳模与选树劳模有机结合起来。

要建立健全劳模评选工作机制，完善评选程序，确保劳模质量。

要坚持自下而上，公开、公平、公正的原则，充分发扬民主，接受群众监督，抵制各种不正之风。

2011年11月底，为规范全国五一劳动奖状、全国五一劳动奖章和全国工人先锋号评选管理工作，发挥表彰奖励工作的激励作用，根据《中华人民共和国工会法》、《中华人民共和国劳动法》和《中国工会章程》，全国总工会制定了《全国五一劳动奖状、全国五一劳动奖章、全国工人先锋号评选管理工作暂行办法》（总工发〔2011〕77号）（以下简称《暂行办法》），其中就荣誉称号的授予范围和条件、奖励和待遇、管理、撤销等方面作出了明确规定。

《暂行办法》的实施，表明全国五一劳动奖的管理工作更加制度化、规范化。

《暂行办法》第七条规定：评选全国五一劳动奖状、全国五一劳动奖章、全国工人先锋号要面向基层、面向一线职工，坚持公开、公平、公正的原则，严格推荐评选审批程序，接受群众监督。

《暂行办法》出台后，各级工会严格按照《暂行办法》的要求和规定，规范化开展评选工作，把在广大职工中真正努力奋斗、有突出贡献的先进集体和个人选树出来，进一步彰显五一劳动奖评选活动的激励和引导作用。

比如2013年的评选，和往年相比，全国五一劳动奖状、全国五一劳动奖章评选结果呈现“四升一降”的特点。

“四升”即生产一线职工和专业技术人员比例有较大幅度的提升，在先进个人中，有786人为一线职工和专业技术人员，占总数的64.23%，较2012年高出2.4%；青年职工数量明显增加，有86人出生于20世纪八九十年代，117人年龄在35岁以下；非公有制企业和职工比例提升，33.74%的先进个人来自非公有制企业，非公有制企业荣获全国五一劳动奖状占总数的34.29%。农民工增至126人，占推荐人选的10.29%，其中，最年轻的全国五一劳动奖章获得者为“90后”农民工裴先锋，他摘得了第41届世界技能大赛焊接项目银牌。

与此相对应的，则是企业负责人比例呈下降趋势，由2012年的7.77%降至7.43%。

2015年，全国总工会承担了党中央、国务院表彰的全国劳动模范和先进工作者具体推荐评选工作，没有集中表彰全国五一劳动奖章，但对在促进区域发展、重大工程建设、重大科研项目研制、全国技能大赛等方面涌现出来的先进个人进行了即时性表彰。其中，一线职工、技术工人和专业技术人员占91.72%。

2016年，本着优中选优的原则，全国总工会适度压缩了全国五一劳动奖状、全国五一劳动奖章的名额，分别授予192个五一劳动奖状、898个五一劳动奖章。其中，13个省（区、市）没有推荐机关和事业单位县处级领导干部（含非领导职务），使名额都面向了一线职工。在推荐的先进个人中，一线职工、技术工人和专业技术人员占57.91%，高出规定比例2.91个百分点。

多年来，全国五一劳动奖的发展和创新，对全国劳模和先进工作者的评选和管理不仅有补充，更有贡献。全国劳模和先进工作者评选中的很多突破和首次，都是由全国五一劳动奖在评选表彰中先行先试后，再引入全国劳模和先进工作者评选工作的。

比如，2005年国务院表彰的全国劳模和先进工作者，有三个“第一次”：第一次将民营企业主纳入了评选范围，第一次将农村进城务工人员纳入了评选范围，第一次将“两审三公示”制度引入评选工作。

这背后是各级工会组织的勇于担当。各级工会组织始终站在服务党和国家工作大局的政治高度，高标准、高质量地做好五一劳动奖评选表彰工作。

## “海选”来了

东风吹来满眼春。工会改革中传来的新消息、好消息，一个接着一个。

2017 年 2 月，深圳市总工会在“深圳工会”官方微博上，推送了一条“深圳市劳动模范和五一劳动奖推荐评选开始啦”的消息，宣布“你可以自荐，也可以推荐身边的人”，引来网友纷纷点赞和留言。

评选劳模，人人都可以参与其中，每个人可以是“千里马”，也可以当“伯乐”。深圳工会的新举措，不仅增加了市直部门和行业协会等机构直接推荐、职工本人自荐等多种推荐渠道，而且提出“三名以上职工”就可以联名推荐心目中的劳模候选人。

评审过程除了坚持原来的严格标准，还设置了吸引年轻人参与的网络投票环节，初选名单在“深圳工会”官方微博上公示，投票结果作为评选的参考依据……

一项项新举措都有着共同的目标：把广泛宣传评选活动化成弘扬劳模精神、劳动精神的过程，引导人民树立辛勤劳动、诚实劳动、创造性劳动的理念，在全社会营造劳动光荣、技能宝贵、创造伟大的时代氛围。

绽放活力，进一步彰显影响力。

在湖北十堰市，工会首次试水，拿出20%的表彰名额进行“海选”。即五一劳动奖章总名额中，80%（48人）来自组织推荐、20%（12人）来自自荐或他荐。复审合格后，召开主席办公会议综合评定，提出正式建议名单报市委研究决定，然后在媒体上公示。

……

新方式、新路径的背后是新理念、新要求。

2015年11月9日，中央全面深化改革领导小组第十八次会议审议通过了《全国总工会改革试点方案》、《上海市群团改革试点方案》、《重庆市群团改革试点方案》，工会改革试点工作拉开了序幕。

《全国总工会改革试点方案》正式启动以来，为落实关于“创新职工建功立业的载体和平台”、“改善劳模评选宣传和管理服务”、“创新职工群众参与评选劳模的形式”的要求，在全国总工会的鼓励和引导下，各地工会撸起袖子加油干，频频亮出改革大招，在创新五一劳动奖评选机制上更是拓展思路、积极探索，吸引更多一线职工和产业工会参与劳模评选过程，推动社会参与劳模评选，认真做实做强五一劳动奖。

重庆市总工会率先而动。2016 年 3 月，重庆市总工会将 15%的表彰名额面向社会征集。这种“海选”模式一下子提振了社会参与劳模评选的热情。

公开征集表彰对象的“路径”是：

社会各界（含单位、个人）推荐，由相关职能部门、专家、劳模组成评选委员会进行集体审查，再经由媒体公示，最后由市总工会主席办公会审定予以表彰。

公开征集表彰对象的推荐条件是：

五一劳动奖状的评选强调全面协调可持续的科学发展。特别青睐节能减排，注重保护生态环境；自主创新，大力提高职工素质；安全生产，监督管理机制健全；诚实守信，自觉履行社会责任；劳动关系和谐，经济效益和社会效益居本地区或本行业领先水平的单位。

五一劳动奖章的评选则强调在本职岗位上取得突出业绩，为经济建设、政治建设、文化建设、社会建设、生态建设和党的建设作出突出贡献。

工人先锋号的评选首推有强烈的主人翁意识、良好的职业道德和较高的技能水平，工作业绩显著，创新成果突出，具有一流工作、一流服务、一流业绩、一流效益的和谐团队。

2016 年，重庆共评选表彰市五一劳动奖状 60 个、市五一劳动奖章 60 个、市工人先锋号 100 个，并推荐其中一批申报全国五一劳动奖。

河北省总工会突出了“社会化推荐”，一举拿出 20%（40 个）的省五一劳动奖章名额，交由省有关行业协会、省产业工会、县级工会进行推荐，专项用于在科技创新、转型升级、防治大气污染、压减过剩产能过程中促进再就业四个方面工作中作出突出贡献的一线人员以及技艺超群的高技能职工。

同时，河北省总工会明确要求，“社会化推荐”的推荐对象主要是企业生产一线职工以及具有突出科研成果的事业单位一线科研人员；事业单位中具有县处级职务的人员如非直接从事科研工作的省级以上专家人才不得作为推荐对象。

在评审时，对由“社会化推荐”选出的155名候选人，采取初审、专家评审、复审三个程序。

在初审阶段，筛掉了65名与“四个方面”不符的人选以及企业负责人、公务员；其余90名，交由专家审定。

专家评审组是由省人才评审专家、享受国务院特殊津贴的专家、全国劳模代表组成的六人团，依据推荐对象的贡献和取得的成果，通过交叉审核、集中讨论、综合分析等方式，择优选拔。

专家评选过程没有其他人员参与，纪检干部全程监督。其中特别明确，省总工会领导成员和主管劳模工作的经济技术部工作人员，不参与专家评审环节。

最终，90 名入围人选中，只有 36 名入选，比原定的 40 个名额少了 4 个。

河北省总工会在五一劳动奖评选中引入“社会化推荐”，打破了工会“内循环”，去掉了“名额分配”，突破了身份、学历、工作年限等限制，全面落实“看成果”、“比贡献”的榜样模范评选准则，让有真才实学、有创新精神、有非凡业绩的人才更容易树榜样、当模范，得到社会的认可和肯定。

在改革创新中做强五一劳动奖品牌，市级工会争当排头兵。

在武汉“海推”五一劳动奖候选人的评议现场，武昌区南湖街中央花园社区和“生命阳光”公益救援中心工会分别召开了居民代表会议和职工代表会议，经过个人情况介绍、民主评议、投票表决等环节，分别推荐社区党总支书记、居委会主任张淑静和公益救援中心主任王辉为 2016

年武汉五一劳动奖章候选人。

参与“海推”的居民代表中，有社区门栋长、居民小组长、社区党组织成员等。他们是中央花园社区在社区居委会换届时，由社区居民选举产生的。而“生命阳光”公益救援中心工会在组织内部QQ群中，就拟推荐候选人名单，广泛征求全体成员意见。参会职工代表由自愿报名产生。

根据程序，“海推”出来的候选人，分别在社区和社团内公示一周，无异议后成为正式候选人，然后进入后续的海选投票、复审考察、公示环节。

设立的“劳模评审团”，凸显了“从职工中来、到职工中去”的群众路线；设计的“基层工会评审团”，则保证了基层工会组织举贤荐贤的话语权。

“海推”会不会出现“刷票”和“拉票”现象？

对于这种担心，武汉市总工会严肃评选工作纪律，要求各级工会签订廉政承诺书，不得徇私舞弊、假公济私，确保程序规范、结果公正、人选最优。

工会是先模评选平台的搭建者与维护者，既不是“运动员”，也不是“裁判员”。为了确保网络海选的公平性与真实性，武汉市总工会得到公安部门的支持，与网警合作，利用大数据技术进行分析和甄别，并接受公众举报，一旦发现可疑“刷票”，一经核实，即时取消候选人资格。

基层群众中蕴藏着极大的改革动力和创新智慧。在劳模评选机制上，浙江温岭市总工会更进一步，实现了新的突破。

2016 年，温岭市总工会打破历届劳模评选组织推荐一比一的推荐方式，引入竞争机制，在全省首推差额推选劳模，同时增加群众举荐、个人自荐等社会渠道，大胆尝试网络投票、民主票决等新举措，使全社会对劳模评选的关注度空前高涨。

首次差额推荐，总推选比例达到 2∶1。即当年劳模评选 35 名，模范集体评选 10 个。而初荐环节共推选劳模 70 名，模范集体初荐 27 个。这意味着，初荐名单里，有一半会被“差额”下来。

拓宽推荐渠道方面，温岭市总工会也有新招。不仅首次引入社会举荐、个人自荐，还增加了老劳模推荐新劳模、“两代表一委员”推荐等渠道。鼓励“老劳模”以自身为标尺，挖掘身边的“准劳模”代表；设立“两代表一委员”推荐劳模，广大职工群众可通过电话、电子邮箱等渠道进行参评。

同时，温岭市总工会还借力“两微”新媒体，大胆尝试网络投票形式，在温岭新闻网、微温岭、温岭发布等平台公布70名劳模初荐候选人和27个模范集体初荐候选单位的名单和事迹，并接受社会公众投票，最终共有45万人次参与投票。

评选采用网络微信投票与评委票决相结合的方式，劳模办将投票结果提交劳模评选委员会作为重要参考，再由评委会成员进行无记名投票表决，综合审定35名劳模正式候选人和10个模范集体正式候选单位名单。

大胆创新评选方式，真正使推荐评选过程成为大力宣传先进事迹，弘扬劳模精神、劳动精神，激励广大职工建功立业的过程。

“海选”、“社会化推荐”、“差额推荐”等新模式，是工会认真组织、职工广泛参与、社会公开监督带来的新成果。

各地工会的自行探索和创新，可谓打开了一个新通道，既将更多的社会组织和个人，尤其是新经济组织和新社会组织及其从业者，纳入先进集体和先进个人的遴选视野，提高了群众参与的积极性，也有助于产生更符合公众期望的先进模范，特别是来自一线的职工劳模，扩大了五一劳动奖的认知度。

事实上，全国总工会在表彰从全国重大工程示范性劳动竞赛中涌现出的先进集体和先进个人时，采用的就是基层推荐的方式。比如 2011 年，将港珠澳大桥建设劳动竞赛批准列为全国重大工程示范性劳动竞赛，根据全国总工会核准的名额和有关要求，大桥项目参建单位和各级工会组织以各种方式提名候选人。

让先进集体和先进个人更多地从群众中来、由群众说了算，经得起社会各界的检验，这样的劳模评选更接地气、更有亲和力，这样的五一劳动奖在社会上更响亮、更有影响力，工会组织也更有凝聚力、吸引力。

这，就是各级工会的共识和行动。

## 他们为什么这么红

在2016年1月召开的全国总工会十六届四次执委会议上，全国劳模、农民工代表巨晓林当选全总兼职副主席。这是继2013年劳模许振超、郭明义当选全总兼职副主席后产生的又一位基层一线副主席。

两年后的2018年，大国工匠高凤林在全国总工会十七届一次执委会议上当选为全总兼职副主席。

由劳动模范担任各级工会兼职副主席，这是对劳模精神、劳动精神、工匠精神的有力弘扬，也是进一步增强工会工作群众性的创新举措。

行业工会中，有中国教科文卫体工会兼职副主席——回族教师何桂琴、乡村医生邓前堆，中国能源化学地质工会兼职副主席、电力检修工王进，中国国防邮电工会兼职副主席、钳工薛莹，中国财贸轻纺烟草工会兼职副主席、电气技术工人邓建军等。

省级工会中，有天津市总工会兼职副主席、环卫工徐文华，吉林省总工会兼职副主席、焊工李万君，上海市总工会兼职副主席、数控技工李斌，安徽省总工会兼职副主席、电力检修工许启金，河南省总工会兼职副主席、农民工党支部书记黄久生，陕西省总工会兼职副主席、高级技师窦铁成，重庆市总工会兼职副主席、农民工康厚明，云南省总工会兼职副主席、车工耿家盛，等等。截至 2022 年，有 28 个省级工会配备 46 名产业工人兼职副主席。他们大多是全国劳模或全国五一劳动奖章获得者，是新时期产业工人的杰出代表。

当选工会兼职副主席以来，他们在不脱离本职岗位的同时，积极深入不同地区不同行业调研，充分发挥着联系职工、反映意见、参与决策的作用。

“金牌工人”许振超，2004 年 4 月被授予全国五一劳动奖章，2005 年 4 月被评为全国劳动模范，2008 年 3 月当选第十一届全国人大常委会委员。成为劳模后，许振超不仅是每年全国两会上媒体追访的热门人物，也是各类各级劳动技能大赛特邀的“常客”——到大赛现场为产业工人技能练兵鼓劲加油。

鞍钢工人郭明义三十年如一日地恪尽职守、无私奉献、扶危济困，热心公益事业，积极化解社会矛盾。2010 年 8 月，时任中华全国总工会副主席、书记处第一书记王玉普在北京向郭明义颁发了全国五一劳动奖章。2012 年 11 月，郭明义当选为中国共产党第十八届中央委员会候补委员。这位著名劳模可是“网络红人”，在微博上传递“奉献社会、关爱他人”的好声音，铁杆粉丝已超过 2000 万人，潜移默化地影响着很多粉丝加入爱心团队。

“小巨人”巨晓林，2009 年 4 月被授予全国五一劳动奖章，2011 年荣获第十届中华技能大奖，2015 年 4 月被评为全国劳动模范，2016 年 1 月当选为全国总工会历史上第一位农民工兼职副主席，成为社会焦点人物。

大国工匠高凤林，是中国航天科技集团有限公司第一研究院 211 厂 14 车间高凤林班组组长，第一研究院首席技能专家，航天特种熔融焊接工，为我国90多发火箭焊接过“心脏”，曾攻克200多项“疑难杂症”，荣获“首次月球探测工程突出贡献者”等称号。

除了这几位，迄今为止评出的三万余名全国五一劳动奖章获得者中，涌现出一批又一批家喻户晓的劳动模范。

包起帆，1986年、2004年两度被授予全国五一劳动奖章，1989年、1995年、2000年、2005年、2010年连续五次获评全国劳动模范。这在劳模表彰历史上是极为罕见的。

五一劳动奖原则上不重复授予，却破例再度授予包起帆的背后，是因为他攻下了一道“世界难题”——

2004年，包起帆主持国家“863”计划子课题“集装箱电子标签系统研究”，开通了世界上首条带有集装箱电子标签的商业班轮航线，被国外专家誉为“一场改变人类运输方式的革命”。

一枚枚奖章意味着包起帆从走上工作岗位的那一天起，创新创造便贯穿了他的整个职业生涯，而且直到今天，他仍在发挥劳模引领作用，成为年轻后辈心中的人生榜样。

“数控应用专家”李斌从“小学徒”启程，立足岗位不断创新，1996 年被授予全国五一劳动奖章，2000 年获评全国劳动模范，2010 年摘取国家科技进步二等奖。

劳模，不是自己一个人在进步，而是带动一支队伍在进步。以李斌名字命名的上海液压泵厂李斌小组在 1998 年荣获全国五一劳动奖状。永不止步的李斌在工会指导下，继续通过李斌工作室、李斌技师学院，发挥引领作用，培养年轻技能人才，截至 2016 年已培养 8.5 万人。

窦铁成，2008 年获得全国五一劳动奖章，2010 年被评为全国劳动模范。他参加过京秦、京九等十几条国家重点铁路工程建设，是从工地成长起来的新时期著名劳模，带出了铁成班组和铁成式班组。

从 2008 年起，窦铁成每年都会受到工会组织或其他部门的邀请，到各地作报告，给职工传授技术，社会活动与日俱增。从航天科技人员，到一线农民工，面对面听过他报告、讲课的，少说也有五六万人了。

“我的愿望和目的就是能带出更多更好的技术工人，我作为一线带头人，用自己的经历，给他们讲如何做一个优秀的技术工人。所以，工作再忙，我都要抽出时间来参加这样的活动、报告和讲课，这些对我来说都是大好事儿。”

……

他们为什么这么红？这些时代标杆人物又是怎么被培养和发现的？

从巨晓林和高凤林的故事里，就能找到答案。

原本是农村电影放映员的巨晓林，24 岁时外出打工，1987 年被中铁电气化局集团一公司招聘为合同农民工，成为一名普通的铁路接触网工。

巨晓林只有高中文化，但在铁路的大建设、大发展中，他发现只要自己不放弃、肯努力，就能在普通工作岗位上实现人生价值。

铁路接触网工是一个技术密集型工种。巨晓林白天跟着师傅学，晚上追着师傅问。工地转移到哪里，他就在哪里学技术、练技术。工会开展“师带徒”，开办职工夜校，配合岗位练兵、劳动竞赛和工程进度进行教学，帮助巨晓林快速成长起来。

由于接触网工工作需要高度集中注意力，公司规定员工宿舍的熄灯时间是晚上 9 点。这让爱学习的巨晓林犯了难，他不得不将笔记本、学习资料时刻带在身边，抓紧一切吃饭、休息的时间看。

为了支持巨晓林学习，项目部打破常规，“特批”给他一间宿舍，配有一盏台灯，并将熄灯时间延迟一个小时。有了来之不易的学习条件后，他更努力地充电。

学习是为了更好地创新。巨晓林铆足了劲儿，买来《机械制图》、《电机学》、《接触网》等 30 多部专业书籍放在床头。工地转移到哪儿，这些书就被带到哪儿。为了学习，他在枕头下面藏着一个小闹钟，每天比别人早一个钟头起床，晚一个钟头睡觉。

从线路绑扎到悬挂滑，巨晓林总能在各项工艺中研发一些小办法、小窍门来使工作变得省时省力，并将其记录、整理成文字和图画，传授给工友们。由于巨晓林的工艺革新，中铁电气化局常能提前完成任务。

立足岗位创新、革新的同时，巨晓林还在企业、工会和工友的支持下，把创新方法和经验加以整理，写出了《接触网施工经验和方法》。书中研发和革新了43项工艺工法，填补了国内电气化铁路接触网工技能培训教材的一项空白，惠及更多农民工。

巨晓林，这位工友心目中的“小巨人”，在创新创造性劳动中，成了名副其实的劳模。

作为2007年度、2008年度北京市知识型职工先进个人，巨晓林在2009年被北京市总工会推荐为全国五一劳动奖章候选人。获得表彰后，巨晓林的先进事迹开始被行业外的更多人所熟悉，巨晓林本人也逐渐在全国闻名，从工友到网友，大家都亲切地称呼他“小巨人”！

2015年4月30日，“五一”国际劳动节前，全国总工会与中央广播电视总台合作推出了《大国工匠》第一季。作为第一季的第一位大国工匠，高凤林亮相当日的新闻联播。

从长征三号甲系列运载火箭到长征五号系列运载火箭，它们的第一颗“心脏”都是从高凤林手中诞生的。为火箭焊接发动机是一个容不得半分差错的工作，在焊枪的每一次点焊中，只要力道、时间把握不对，就会留下巨大的隐患。在航天产品特殊性和风险性并存的工作环境中，高凤林多次冒着巨大的风险、顶着众多的压力，完成了我国长征系列运载火箭的精密焊接任务。此外，在钛合金自行车、大型真空炉、超薄大型波纹管等多个领域，他用自己的高超技术填补了中国的技术空白。

在0.08毫米厚的火箭燃料输送管道壁上，焊枪的停留时间不能超过0.01秒，否则就会焊穿管壁，任何一个漏点都可能导致火箭在升空过程中发生毁灭性爆炸。为了确保焊接的精准，高凤林需要常年练习十分钟不眨眼，而这只是基本功之一。除此之外，还需要经常训练臂力、腕力。凭着持之以恒的学习和实践，他掌握了不同材质的焊接需求，在特殊材料和焊接技术的完美配合上精益求精。40多年来，他焊接了140多发火箭的发动机，焊接的焊缝总长度超过12万米。

2006年，在由诺贝尔奖得主丁肇中教授主持、世界16个国家和地区参与研制的暗物质与反物质探测器项目中，高凤林受丁肇中邀请前往解决国内外两拨“顶尖高手”用了3年半都没有攻克的难题。在操作方案的论证会上，高凤林提出了一个设计方案，是此前该领域专家未曾尝试成功的创新方法。经过多次论证试验，高凤林成功解决了这项国际难题。

在新材料钛合金自行车研制中，高凤林生产的样车经过了振动试验20万次，超过国际标准10倍以上，并成功应用到长征五号钛合金构件上。阀座组件相当于火箭发动机心脏的瓣膜产品，其29%的合格率一直是火箭高密度发射的瓶颈难题，为此，高凤林带领团队突破重重困难，一举攻克难关，将合格率提升至98%，解决了困扰企业20多年的“卡脖子”技术难题，确保了近年来我国火箭的高密度发射。2014年，在第66届德国纽伦堡国际发明展上，来自全世界30多个国家、160个单位和组织的621个项目参展，涉及25个领域。高凤林的三个创新项目全部获得金奖，他也成为该展会历史上在一届展会上获奖最多的人。

担任中华全国总工会兼职副主席后，巨晓林

和高凤林站在更高、更广的舞台上，助力更多年轻技术工人成长，为产业工人发声，为工匠代言。

## 奖状上的那些“超级工程”

港珠澳大桥是我国继三峡工程、青藏铁路、京沪高铁之后的又一个世界级工程。它集桥、岛、隧道于一体，把香港、珠海和澳门连接起来，全长55公里，建成后将成为世界上最长的跨海大桥，拥有世界上最长的沉管海底隧道，是中国建设史上里程最长、投资最多、施工难度最大的跨海桥梁。

岛隧工程是大桥的控制性难题，要在海中建设两座面积各达10万平方米的人工岛和长达6.7公里的海底沉管隧道，由人工岛完成桥隧转换。沉管隧道最深处在海面44米以下，每一节隧道沉管重达7.4万吨。这几个数字都是当今世界之最，堪称“全球最具挑战的跨海项目”。

复杂的海床结构，恶劣的自然环境，甚至是

伶仃洋上的每一次台风、巨浪、地震和海水侵蚀，对建设者们来说都是致命的挑战。这里还是世界上最繁忙的水道航道之一，每天有4000艘船舶通过，抵抗过往船只的撞击，保证航行的安全，是建设者们必须接下的极限挑战。

2011年，在岛隧工程开工的同时，劳动竞赛也走进了港珠澳大桥的建设工地。

2011年3月，港珠澳大桥管理局工会成立。4月，全国总工会将港珠澳大桥劳动竞赛列为全国重大工程示范性劳动竞赛；港珠澳大桥建设工程工会联合会成立。5月，广东省十项工程劳动竞赛领导小组、广东省总工会在港珠澳大桥主体工程施工总营地举行“当好主力军、建功‘十二五’”主题竞赛暨港珠澳大桥建设劳动竞赛启动仪式，吹响了港珠澳大桥建设劳动竞赛的号角。

这项“超级工程”云集了各路参建队伍，参建单位超过100家，是一场名副其实的“百团大战”。港珠澳大桥管理局以开展劳动竞赛为抓手，加强组织领导，凝心聚力，攻坚克难，围绕着大桥建设的中心任务，将竞赛内容贯穿在大桥建设的各个环节和工作流程中，将竞赛理念植入建设者的日常建设管理工作中，并以工程本身的技术标准作为竞赛标准，让劳动竞赛成为“超级工程”的助推器。

港珠澳大桥管理局工会先后制定了《港珠澳大桥建设创先争优劳动竞赛实施方案（试行）》、《港珠澳大桥建设创先争优劳动竞赛总结表彰方案》、《港珠澳大桥劳动竞赛评分标准》等一系列劳动竞赛规则和办法。

由三个建设主体和30多家主要参建单位参加的港珠澳大桥建设工程工会联合会，根据港珠澳大桥项目工程的进度和重点，统一部署，为各个参建单位、各个工区开展劳动竞赛提供坚强的组织保障。

伶仃洋上，广大建设者积极投身工程设计、施工、监理、咨询服务、项目管理等各个领域的竞赛。各参建单位围绕比科学管理，赛工程质量；比精打细算，赛成本控制；比开拓进取，赛科技创新；比完成任务，赛工程进度；比规章制度，赛安全环保；比遵纪守法，赛廉政建设的“六比六赛”，掀起了建设热潮。

港珠澳大桥管理局每个季度都对每个承包人

进行信誉评价，对每一个项目都有扣分和奖惩细则，而这些标准的履行都是以最初签订的合同为保障。管理局在合同清单中设立优质优价专项基金，用以奖励信誉评价好的承包人，基金支付与信誉评价的结果挂钩，并借助劳动竞赛的平台对表现突出的个人和集体给予表彰。

劳动竞赛为大桥建设的各个主体和工区搭建了一个交流沟通的平台，使不同单位的科研人员、管理团队和广大建设者能够相互学习、取长补短、共同提高，激发和凝聚了建设大桥的“精气神”，形成了所有建设者奋勇争先、勇创一流的强大精神动力。

港珠澳大桥建设劳动竞赛开展以来，统一领导，分级实施，分类考核，定期表彰。有五万多名建设者、100多个参建单位参与其中。

“很多单位在投标前是竞争关系，但在港珠澳大桥劳动竞赛的平台上都变成了朋友，在建设中不断交流探讨施工工艺和工法等。”港珠澳大桥管理局党委副书记、工会主席韦东庆目睹了劳动竞赛创新开展的魅力。

不同的建设阶段，有不同的竞赛主题。港珠

澳大桥管理局劳动竞赛领导小组负责竞赛活动的组织实施和监督检查，每年在工程建设的重要节点进行一次阶段性总结和表彰，推广竞赛活动的先进经验。通过树典型、立标杆，在各个工区营造“比学赶帮超”的劳动氛围，同时让新进场的队伍迅速融入大家庭中。

港珠澳大桥建设者用辛勤劳动、诚实劳动、创造性劳动，在伶仃洋上创造了人类工程建设史上的多项世界纪录。

——“当年开工，当年成岛”

两座人工岛的建设，是与时间赛跑的项目。如果使用传统方法，不仅会给海洋生态造成破坏、影响白海豚生存，而且会留下一个世界级难题——沉管安装的时间会严重不足。

岛隧工程承建方在世界范围内首次提出深插式钢圆筒快速成岛技术，用120个巨型钢圆筒直接固定在海床上并插入海底，然后在中间填土形成人工岛。但要在深海中把设计方案变成现实制造，并不容易。人工岛围护结构的钢圆筒，最高的超过50米，重量更是达到550吨以上，若以三米为一层计算，这个插入海底的钢圆筒相当于

17 层楼的高度。

一系列新工艺、新设备的研发应用，解决了钢圆筒的振沉难点。“一日两筒”、“四日八筒”、“一月三船”、“一日三筒”……最终仅用半年多时间，就完成了两座人工岛的筑造。与传统工艺用石块填充人工岛相比，新工艺减少淤泥开挖量近千万立方米，节约建设工期两年多，创造了世界工程的奇迹。

——64 项创新打造“滴水不漏”

2015 年 12 月，岛隧工程迎来了一位特殊的客人——“茅以升”奖获得者、香港土木工程署前任署长刘正光。

参观的前一天，这位在国际桥梁界享有盛名的“桥梁大咖”给岛隧工程总指挥林鸣打电话，问参观隧道需不需要穿雨衣、雨鞋，林鸣回答说“并不需要”。

第二天，刘正光虽然没有穿雨衣，但还是穿了一双雨鞋。

当刘正光从西人工岛进入海底隧道，出乎他的意料，24 节沉管的 192 个接头没有一点点渗漏的痕迹，整个隧道内既没有“雨”，更没有

"河"，甚至没有水印的痕迹。

与林鸣见面时，刘正光说的第一句话就是："沉管隧道没有不漏水的，没有想到你们的隧道能够滴水不漏，香港工程界要向你们学习。"

在全球范围内，无数案例研究表明，尚没有沉管隧道100%不漏水的纪录。隧道所有者和设计师都明白建造100%水密的隧道意味着什么样的挑战。

而且，港珠澳大桥隧道共要制造安装33节沉管，几百道工序不仅环环相扣，还要重复千百遍，只要有一个环节出问题，漏水将不可避免。

打造"滴水不漏"的过程中，港珠澳大桥以64项创新技术贡献予世界沉管隧道工程。世界沉管隧道工程的教科书上，此前只有刚性、柔性两种结构体系，港珠澳大桥的建设者创造了全新的第三种结构——"半刚性"沉管结构。

建岛期间，中国的设计者、建设者承担着难以想象的压力，经历过新设计方案不被理解，遭遇过沉管沉放"三次回拖两次安装"的失利，他们流过汗，也流过泪。但在巨大的困难面前，大桥的建设者以脚踏实地、勇于创新、不断挑战自我的精神，将诸多问题一一克服。

……

2013 年 10 月，全国总工会对全国重大工程示范性劳动竞赛进行表彰，即时表彰了福建平潭综合实验区建设、浙江舟山群岛新区建设、港珠澳大桥工程项目等在开展劳动竞赛中涌现出的先进集体和先进个人。其中，对港珠澳大桥建设劳动竞赛进行了第一阶段的表彰，授予中交公路规划设计院有限公司等十个单位全国五一劳动奖状、张劲文等 13 名同志全国五一劳动奖章、港珠澳大桥管理局计划合同部等 25 个集体全国“工人先锋号”荣誉称号。

“长盛不衰的社会主义劳动竞赛活动主题始终紧扣时代脉搏、围绕党和国家中心工作展开，领域不断拓宽，内涵不断丰富，方式不断创新。”

2009 年 4 月 28 日，习近平同志在庆祝“五一”国际劳动节暨保增长促发展劳动竞赛推进大会上的讲话中，充分肯定群众性劳动竞赛活动“在新中国 60 年发展史上写下了并继续书写着浓重的一笔”，并深刻揭示了劳动模范与劳动竞赛的关系——“群众性劳动竞赛活动锻造了劳动模范，而劳动模范的成批涌现推动了劳动竞赛活动不断向深度和广度进军”。

从载人航天工程到天宫二号，从蛟龙号载人潜水器到长江三峡工程，从青藏铁路到京沪高铁，五一劳动奖状上的那些“超级工程”，是中国制造、中国创造的一张张璀璨的名片，是中国发展进程中的一座座里程碑，影响力大，辐射力强，关注度高，激励着更多的人砥砺前行，用劳动为人生书写诗篇，为中国梦贡献智慧和力量。

……

2017 年 1 月 16 日，时任中华全国总工会党组书记、副主席、书记处第一书记李玉赋在全总十六届五次执委会议上的工作报告中提出，围绕实现“十三五”规划目标任务，服务区域发展总体战略和京津冀协同发展、长江经济带发展、“一带一路”建设等国家战略，以提高发展质量和效益为中心，以推进供给侧结构性改革为主线，按照《2016—2020 年劳动和技能竞赛规划》，组织广大职工特别是非公有制企业职工积极投身“践行新理念、建功‘十三五’”主题劳动和技能竞赛，提高劳动生产率和全要素生产率，促进制造业提质增效、新兴产业蓬勃发展，在推进“三去一降一补”、振兴实体经济、增强企业核心竞争力中创新创业。

2017年2月6日，中央全面深化改革领导小组第三十二次会议审议通过了《新时期产业工人队伍建设改革方案》，从党和国家发展的战略高度，为加快建设一支高素质的产业工人队伍明确了“路线图”、“时间表”。

造就一支有理想守信念、懂技术会创新、敢担当讲奉献的宏大的产业工人队伍，需要进一步弘扬劳模精神、劳动精神、工匠精神，使之成为时代主旋律。

2017年4月27日，在庆祝“五一”国际劳动节暨全国五一劳动奖和全国工人先锋号表彰大会上，时任中共中央政治局委员、中华全国总工会主席李建国指出，要大力弘扬劳模精神、劳动精神、工匠精神。这“三个精神”彰显了社会主义核心价值观的深刻内涵，体现了以爱国主义为核心的民族精神和以改革创新为核心的时代精神。他强调，弘扬劳模精神、劳动精神、工匠精神，就要像先进人物那样，树立自觉学习、刻苦学习、终身学习理念。要学习时事政治，关心国家大事，增强社会责任。要学习专业知识，参加技术培训，努力掌握新知识、提高新技能、增长新本领，不断发展工人阶级先进性。

新劳模在涌现，新力量在成长。用劳模精神、劳动精神、工匠精神引领时代精神并代代相传——这是铸造五一劳动奖品牌的初心。

## 重点向产业工人倾斜

2018 年 10 月 29 日上午，中共中央总书记、国家主席、中央军委主席习近平在中南海同中华全国总工会新一届领导班子成员集体谈话并发表重要讲话。习近平总书记强调，我国工运事业是党的事业的重要组成部分，工会工作是党治国理政的一项经常性、基础性工作。要坚持党对工会工作的领导，团结动员亿万职工积极建功新时代，加强对职工的思想政治引领，加大对职工群众的维权服务力度，深入推进工会改革创新，勇于担当、锐意进取，积极作为、真抓实干，开创新时代我国工运事业和工会工作新局面。

中国工会十七大以来，全国总工会不断加大产业工人推荐力度，不断扩大覆盖面，切实提高五一劳动奖评选表彰工作的科学化、规范化水平，为广大劳动者选树了一批又一批立得住、叫得响的基层一线劳动者楷模。五一劳动奖是各级工会组织引领亿万职工听党话、跟党走，在新时代建功立业、新征程上再创佳绩的一项具有重大影响力的工作。

为贯彻落实好《新时期产业工人队伍建设改革方案》的有关要求，推进新时代产业工人队伍建设改革，造就一支有理想守信念、懂技术会创新、敢担当讲奉献的宏大的产业工人队伍，从2018年起，全国五一劳动奖章评选重点向产业工人倾斜，产业工人在全国五一劳动奖章中所占比例单列，不低于35%，这也是第一次提出的比例。从实际评选结果看，占比超过40%。

统计显示，在表彰的全国五一劳动奖章先进个人中，2018年有290名产业工人，占比41.61%；2019年有280名产业工人，占比

40.3%；2021年有509名产业工人，占比42.5%；2022年有373名产业工人，占比40.1%；2023年有产业工人412名，占比41.6%。

围绕重点向产业工人倾斜，五一劳动奖评选工作在三个方面加大力度：

一是各级工会注重推荐高技能人才。比如，2021年，全国五一劳动奖章获得者中，共有高级工、技师、高级技师等高技能人才363人，比重占产业工人的71.3%，许多为“80后”、“90后”。这些高技能劳模，具有突出的工作业绩和良好的社会影响，在群众中享有较高的声誉。既有从事航空发动机叶片加工的车工、攻克焊接制造难题的电焊工、高铁机修钳工、坚守井下作业岗位的一线工人，也有领军改性塑料技术的科研人员、坚守海外建铁路的工程师，以及国产大飞机制造者。

二是农民工是产业工人的主体。全国总工会的调查显示，2亿名产业工人中，农民工约占比55%。全国总工会高度重视选树农民工先进典型，其在全国五一劳动奖章中的占比逐年增加。比如2022年有149名农民工上榜，比重占到奖章表彰人选的16%。获得奖章的农民工具有吃苦耐劳、积极上进的精神，普遍走技能成才、技能报国的道路，成为改变自己命运、服务国家社会的优秀人才。

三是增设单列表彰项目，用来表彰全国引领性劳动和技能竞赛各项目、全国总工会联合有关部委举办的各种劳动和技能大赛的优胜者，以及在国家重大工程、重点工作中作出突出贡献的建设者。为调动广大职工参加技能比赛的积极性主动性，充分发挥技能比赛在提高技能水平、培养技能人才方面的重要作用，全国总工会于2021年制定印发了《职工职业技能比赛授予全国五一劳动奖章管理办法》。根据新形势新要求，经全国总工会党组研究决定，全国五一劳动奖自2022年起增设单列表彰项目。

竞赛表彰覆盖了全国引领性劳动和技能竞赛各项目，包括：京津冀协同发展劳动和技能竞赛中涌现的先进集体和个人，长江经济带发展劳动和技能竞赛中涌现的先进典型，“一带一路”建设劳动和技能竞赛中涌现的先进典型等，激励引导广大职工参与竞赛、提升素质。单列表彰项目有：圆满完成首次火星探测、空间站建设、C919大型客机研制等重大任务的先进集体和个人等，激励引导广大职工在重大战略、重大工程中建功立业。

2023年2月13日，全国人大常委会副委员长、中华全国总工会主席王东明在全国总工会十七届七次执委会议上进一步强调，要加强劳模和工匠选树宣传，会同有关方面做好“大国工匠年度人物”的发布和宣传，面向各行业、各领域培育和宣传先进典型，健全完善相关制度机制，把全国劳模评选和五一劳动奖章等奖励继续向基层一线和普通职工倾斜，引导更多职工争当先进、争创一流，营造全社会尊重劳动、尊重知识、尊重人才、尊重创造的良好氛围。

产业工人是企业生存和发展的中坚力量，是创新驱动发展的骨干力量，也是实施制造强国战略的有生力量。五一劳动奖重点向产业工人倾斜，具有重要的激励意义和示范价值。2017年至2021年，围绕国家重大战略、重大工程、重大项目、重点产业，工会组织动员3.7亿人次产业工人参与劳动和技能竞赛；广大产业工人开展技术革新 254.81 万项，完成发明创造 100.13 万项、先进操作法 77.77 万项。更多职工特别是青年职工走上技能成才、技能报国之路。

## 扩大覆盖面

五一劳动奖表彰对象始终注意涵盖各个行业、各个群体，体现时代性、先进性、广泛性。中国工会十七大以来，五一劳动奖表彰对象注重选树新就业形态劳动者、各新兴产业劳动者，首次将港澳台职工纳入评选表彰范围，扩大了覆盖面。

随着数字经济的快速发展，包括货车司机、网约车司机、快递员、外卖配送员在内的新就业形态劳动者数量不断增加。他们为支撑经济社会发展、保障和改善民生作出了重要贡献。

2021 年 7 月，全国总工会印发《关于切实维护新就业形态劳动者劳动保障权益的意见》，就维护新就业形态劳动者劳动保障权益工作作出安排部署。

2022年2月，全国总工会启动推荐评选工作，首次专门提出要注意推荐新就业形态劳动者。各地在推荐过程中选树了一批货车司机、网约车司机、快递员、外卖配送员等先进人物，其中许多新就业形态劳动者在抗击新冠肺炎疫情中作出了积极贡献。来自湖南的个体货车司机龙兵，在2020年疫情防控期间，驾驶大货车32天，往返武汉11次运送物资；来自黑龙江鹤岗市的外卖配送员张硕，在疫情防控期间与工友们一起为群众送去民生物品；来自深圳的快递员秦文冲，带领“抗疫小分队”运送核酸检测样本超过600万份，他们都在保障民生和社会稳定中贡献了宝贵的力量。

第九次全国职工队伍状况调查结果显示，包括货车司机、网约车司机、快递员、外卖配送员在内的全国新就业形态劳动者已达8400万人，成为职工队伍的重要组成部分。新就业形态劳动者被授予全国五一劳动奖章，体现了党和政府对这一群体的关爱和对其劳动价值的肯定，进一步增强了全国五一劳动奖章的权威性、广泛性。

外卖骑手高丰获得全国五一劳动奖章后，报

名了工会支持的免费上大学项目，报的是物流管理专业专科班，打算此后还会继续报本科班学习，提升自己。此外，他还化身为一名工会的宣导员，告诉身边的骑手一起加入工会，获得更多的关爱和帮助。

互联网、软件信息等新兴产业职工也成为表彰关注重点。全国总工会这几年下发的评选通知中，明确要求各单位推荐“促进新技术、新组织形式、新产业集群形成和发展，增强制造业技术创新能力等方面作出突出贡献的”先进集体和个人等。从实际推荐评选情况看，各地确实涌现出了一批新型劳动者的先进典型。他们中，有应用“互联网+”思维，优化传统产业的；有推进智能制造，提高质量、效率、效益的；有投身无人拖拉机、无人机等研发、生产、运用的；有在推进数字政府、数字经济、数字社会建设方面作出贡献的；有主攻人工智能算法设计取得突破的；等等。

随着各行各业以高质量发展推进中国式现代化，可以预见，五一劳动奖将在今后评选表彰中进一步扩大覆盖面，重视褒奖具有劳模精神、劳动精神、工匠精神的优秀新型劳动者，使更多劳动者受到充分肯定和尊重，激励广大劳动者在新业态、新模式、新领域中为国家作出新的更大贡献。

为深入贯彻党的十九大精神和习近平总书记重要指示精神，增强港澳同胞的国家意识及荣誉感和参与感，同时率先同台湾同胞分享大陆发展的机遇，推进港澳台同胞在内地（大陆）享受同等待遇，引导和激励港澳台同胞为实现中华民族伟大复兴的中国梦作出新的更大贡献，2019 年 3 月 1 日，全国总工会联合国务院港澳事务办公室、国务院台湾事务办公室下发通知，将在内地（大陆）工作的港澳台职工纳入当地劳模、五一劳动奖章等荣誉的推荐评选表彰范围。

全国总工会已经指导部分地区开展了试点工作。江苏省总工会自 2003 年起，每年都要授予港澳台及外籍先进职工五一荣誉奖章，截至 2018 年共授予 601 人；福建省劳模评选自 2018 年起将台籍职工纳入表彰范围，其评选通知明确要求“重视台籍人员和高精尖优秀人才的评选，福州、厦门、泉州、莆田、平潭等有条件的地区可以先行试点”，2018年评选中产生了5名台籍省劳模。2021年7月，“探索在内地（大陆）工作的港澳台职工纳入劳模等称号评选范围，引导港澳台职工融入祖国发展，投身粤港澳大湾区建设”，被写进了《中国工运事业和工会工作“十四五”发展规划》。

## 加强科学化规范化

五一劳动奖已经成为具有重要影响力的工会工作品牌，受到社会广泛关注。

为进一步贯彻落实党中央关于做好功勋荣誉表彰奖励工作的精神，切实提高五一劳动奖评选表彰工作的科学化、规范化水平，2020年4月27日，全国总工会办公厅发出《关于进一步加强和规范五一劳动奖评选表彰工作的通知》（以下简称《通知》）。

《通知》要求，评选活动要坚持“三个面向”，注重向基层一线职工倾斜。

党中央明确要求，劳模评选要坚持面向基层、面向一线、面向普通劳动者。各级工会组织必须按照党中央要求，认真研究制定本级工会五一劳动奖评选办法，把“三个面向”原则坚决贯彻落实到评选表彰中去。

要明确名额分配比例，基层一线职工的比例不得低于55%，注重向产业工人倾斜，农民工应占一定比例，严格控制企业负责人和领导干部比例，一般不超过20%，司局级及以上干部不参加评选。

要明确界定企业一线职工，一般来说，企业一线职工指直接从事生产或业务的人员，包括车间主任（含）以下的生产人员、直接面向顾客的服务人员、主要从事技术工作的专业技术人员等，主要从事管理工作的企业中层（如部门经理）及以上人员不属于一线职工。

要明确界定机关事业单位一线干部，一般来说，省（部）级五一劳动奖评选的一线干部指县处级（不含）以下人员，机关县处级包括一至四级调研员，按其职级和职务中的高者进行界定，事业单位的管理岗位五、六级职员对应县处级；

地市级五一劳动奖评选的一线干部指科级领导职务（不含）以下人员。主要从事专业技术工作（如教学、科研、医疗等）的人员属于一线职工。

《通知》要求从严从紧把好评选质量关。要坚持民主推荐。评选表彰要切实保障一线职工的提名权、参与权和知情权，所有推荐对象必须通过所在单位职工代表大会等民主程序推荐，坚持公开、公平、公正的原则，自下而上、层层选拔、好中选优。要严格履行程序。推荐评选工作要进行初审和复审两次审查，省（部）级五一劳动奖评选要进行基层单位、地市级、省（部）级三级公示，地市级五一劳动奖评选要进行基层单位、县区级、地市级三级公示，公示时间一般不少于五个工作日。要确保推荐质量。要认真审查荣誉基础和事迹材料，多方核实推荐人选的先进性，深入查找可能存在的问题，避免带病表彰。要严肃工作纪律。要认真贯彻落实党和国家关于评选表彰工作的有关要求和规定，进一步强化推荐评选工作的严肃性，坚决杜绝失职渎职、违法违纪等情况的发生。

《通知》要求，五一劳动奖评选要广泛听取

意见，接受各方监督。评选工作要主动征求相关部门意见，对机关事业单位人选按照干部管理权限征求组织人事、纪检监察等部门意见；对企业负责人人选要征求应急管理、生态环境等监管部门意见。要自觉接受社会和舆论监督，推荐评选或公示过程中，要高度重视信访和举报情况，按照规定程序认真核实、妥当处理，确保经得起各方面检验。要发现问题及时纠正，要积极开展自查，加强对下级评选表彰的指导、督促和检查，发现问题的要及时纠正或进行调整。

《通知》下发后，各级工会严格按照要求和规定，科学化、规范化开展五一劳动奖评选工作。

在推荐环节，坚持自下而上、民主推荐、好中选优的原则。表彰名额分配给各省（区、市）总工会、各全国产业工会、中央和国家机关后，各推荐单位专门成立工作领导小组，制定推荐工作方案，严格按照政策要求，自下而上、层层选拔产生推荐对象。各地省级党委政府高度重视，比如浙江的推荐对象经过省政府常务会议、省委常委会的研究审议；新疆的推荐对象经过自治区党委常委会研究确定；吉林、湖南的推荐对象经过省委书记、省长的审批。各级工会统筹安排、精心组织，不断深化互联网技术在推荐评选中的应用，确保推荐评选按时高质量完成。

在审查环节，坚持实事求是、从严从紧、宁缺毋滥的原则。认真审查每一位推荐对象的职工代表大会纪要、公示证明和荣誉基础等相关材料，确保推荐程序规范，已广泛征求职工群众意见，具有荣誉基础。通过“信用中国”、“全国企业信用信息公示系统”和有关网站、数据库重点审查企业和企业负责人。认真核实和处理公示反映的情况，在审查和公示环节，向推荐单位反馈意见，补充完善信息，甚至更换推荐对象。

在征求意见环节，广泛听取各相关部门意见。在地方层面，对于企业和企业负责人，指导各推荐单位征得当地发展改革、人力资源社会保障、生态环境、应急管理、税务、市场监管、卫生健康等部门审查同意；对于国有和国有控股企业及其负责人，经过了审计、纪检监察、组织人事等部门审查同意；对于非公有制企业负责人，就其廉洁自律、遵纪守法等方面情况征得其上级党委或上级主管部门同意；对于机关事业单位县处级干部，按照干部管理权限征得组织、纪检部门同意；对于跨省（区、市）农民工，征得户籍所在地和工作所在地的同意；对于各驻会全国产业工会的推荐对象，征得相关省（区、市）总工会同意。在各地征求意见过程中存在异议的，都更换了推荐对象。在部委层面，征求了国家发改委、人社部、生态环境部、国家卫健委、应急管理部、国家税务总局、国家市场监督管理总局等的意见。

为进一步彰显全国五一劳动奖的荣誉和奖励层级，2021 年 4 月，全国总工会重新设计了全国五一劳动奖的奖章奖牌，新版五一劳动奖章设计主题为“时代先锋”，象征着每一位全国五一劳动奖章获得者都是一面光辉的旗帜，充分凸显了劳动最光荣、劳动最崇高、劳动最伟大、劳动最美丽的理念。并将全国五一劳动奖章获得者一次性奖金标准从 5000 元提高到 10000 元。

2021 年 7 月 20 日，全国总工会制定并发布了《中国工运事业和工会工作“十四五”发展规划》（以下简称《规划》），明确“十四五”

时期中国工运事业和工会工作发展的总体要求、重点任务和保障措施。

根据《规划》，全国总工会完善全国工会劳模工作管理平台，推动完善劳模政策，提升劳模地位，落实劳模待遇，形成尊重劳动、尊重知识、尊重人才、尊重创造良好氛围。做好五一劳动奖等评选表彰工作，“十四五”期间重点选树宣传100名左右的劳模工匠先进典型，加快培育、选树一批在全国有影响力、在行业有号召力的领军型劳模，打造新时代劳动者的标杆旗帜。加大劳模教育培养力度，鼓励各级工会开展劳模教育培训，叫响做实由劳模学员、劳模辅导员、劳模学院、劳模宣讲团等构成的“劳模+”品牌。

2022年5月，时任中华全国总工会党组书记、副主席、书记处第一书记陈刚撰文指出，要进一步做好劳模培养选树和管理服务工作，推动完善劳模政策，提升劳模地位，落实劳模待遇，为劳动模范、大国工匠发挥作用搭建平台、提供舞台，引领更多职工争当新时代劳动模范、能工巧匠，擦亮“劳模”、“工匠”金字招牌。

全国总工会不断总结五一劳动奖表彰工作中

的实际经验，适时科学规范五一劳动奖评选表彰工作，营造了“尊重劳模、关爱劳模、学习劳模、争当劳模”的浓厚社会氛围，使得选树表彰活动的激励引领作用得到彰显。亿万职工正积极投身全面建设社会主义现代化国家的火热实践，为推动高质量发展、实施制造强国战略贡献智慧和力量。

# 大事记

## 1942年

10月12日　陕甘宁边区总工会发出《关于开展赵占魁运动的通知》。在中共中央的倡导下，边区广泛开展了以建立新的劳动态度、提高生产率为内容的“赵占魁运动”，运动普及各私营炭窑、木工作坊和各敌后抗日根据地，使边区职工劳动态度显著改变，主人翁责任感大大增强。

## 1945年

毛泽东同志在陕甘宁边区劳动英雄和模范工作者会议上的讲话中指出，劳动英雄和模范工作者“有三种长处，起了三个作用”，即带头作用、骨干作用和桥梁作用。

## 1950年

9月25日至10月2日　刚刚成立一年的新中国召开全国工农兵劳模代表会议。会议由中央人民政府主持召开。会上，中央人民政府授予464人“全国劳动模范”称号。

## 1985年

2月25日　全国总工会下发了《关于颁发五一劳动奖章和五一劳动奖状的决定的通知》，这份不足1000字的“8号文件”开创了五一劳动奖的表彰历史。

## 1990年

5月8日　全国总工会劳模报告团在北京人民大会堂举行首场报告会。

## 1992年

4月3日　《中华人民共和国工会法》在第七届全国人民代表大会第五次会议上通过，其中规定“根据政府委托，工会与有关部门共同做好劳动模范和先进生产（工作）者的评选、表彰、培养和管理工作”。

## 1997 年

全国总工会向国家教委呈批中国工运学院劳模免试入学，15 天后，国家教委复函（教成司〔1997〕55 号文件）：经研究，同意你部推荐的 35 名全国劳动模范、全国五一劳动奖章获得者进入中国工运学院劳模本科班学习，使用中国工运学院高中起点本科计划。此举为劳模的培养教育打下了坚实的政策基础。

## 2002 年

4 月　民营企业负责人首次被列入全国五一劳动奖章评选范围。全国五一劳动奖的大胆突破，表明了这个奖项的先进性和代表性。

## 2006 年

4 月　全国五一劳动奖候选个人和集体在《工人日报》上首次向全国公示，标志着全国五一劳动奖的评选正式采取“两审三公示”办法。

## 2009 年

2 月　《中华全国总工会办公厅关于推荐评

选全国五一劳动奖状、奖章和全国工人先锋号的通知》要求，从这年起，除特殊情况外，全国五一劳动奖状只授予先进企事业单位、机关和其他社会组织；全国五一劳动奖章授予企事业单位、机关和其他社会组织中的先进职工；全国工人先锋号授予企事业单位、机关和其他社会组织中的车间、工段、班组（科室）。上述表彰都是全国总工会设立的最高荣誉称号。

## 2011 年

2月　全国总工会制定并印发了《关于加强劳动模范工作的意见》，提出进一步做好新形势下劳模工作的“八点意见”。要求各级工会组织要把劳模工作放到服务党和国家工作大局的高度来认识和把握，进一步提高认识，增强责任感、使命感，扎扎实实做好这项工作。

11月底　全国总工会制定了《全国五一劳动奖状、全国五一劳动奖章、全国工人先锋号评选管理工作暂行办法》（总工发〔2011〕77号），其中就荣誉称号的授予范围和条件、奖励和待遇、管理、荣誉称号的撤销等方面做出了明确规定，为打造和做强五一劳动奖的品牌提供了坚实的制度基础保障。

## 2013 年

4 月 28 日　中共中央总书记、国家主席、中央军委主席习近平来到全国总工会机关，同全国劳动模范代表座谈，同庆五一节，共话中国梦，并发表重要讲话。来自全国 31 个省（区、市）的 26 位全国劳模、39 位全国五一劳动奖章获得者出席座谈会。

## 2015 年

11 月 9 日　习近平总书记主持召开中央全面深化改革领导小组第十八次会议，审议通过了《全国总工会改革试点方案》，强调打造和做强五一劳动奖等工会品牌。

## 2017 年

2 月 6 日　中央全面深化改革领导小组第三十二次会议审议通过了《新时期产业工人队伍建设改革方案》，从党和国家发展的战略高度，为加快建设一支高素质的产业工人队伍明确了“路线图”、“时间表”。造就一支有理想守信念、懂技术会创新、敢担当讲奉献的宏大的产业工人队伍已是当务之急。

3月28日　《关于全国总工会改革试点工作的总结报告》披露，2016年共有180多万家企业开展了劳动和技能竞赛，参与职工达8000多万人。

## 2019年

12月　依据党和国家功勋荣誉表彰工作委员会指示精神和《功勋荣誉表彰奖励获得者待遇规定（试行）》，全国总工会制定了《关于进一步加强和规范劳模疗休养工作的意见》。

## 2020年

4月27日　全国总工会办公厅发出《关于进一步加强和规范五一劳动奖评选表彰工作的通知》，切实提高五一劳动奖评选表彰工作的科学化、规范化水平。

## 2021 年

7 月 20 日　全国总工会制定并发布了《中国工运事业和工会工作“十四五”发展规划》，明确“十四五”时期中国工运事业和工会工作发展的总体要求、重点任务和保障措施。

**图书在版编目（CIP）数据**

五一劳动奖 / 成露编著 . —北京：中国工人出版社，2023.9
ISBN 978-7-5008-8245-9

Ⅰ . ①五… Ⅱ . ①成… Ⅲ . ①工会工作 - 概况 - 中国
Ⅳ . ① D412.6

中国国家版本馆 CIP 数据核字（2023）第 152894 号

五一劳动奖

---

**出 版 人** 董　宽
**责任编辑** 李　丹
**责任校对** 张　彦
**责任印制** 栾征宇
**出版发行** 中国工人出版社
**地　　址** 北京市东城区鼓楼外大街45号　邮编：100120
**网　　址** http://www.wp-china.com
**电　　话** （010）62005043（总编室）
（010）62005039（印制管理中心）
（010）62382916（工会与劳动关系分社）
**发行热线** （010）82029051　62383056
**经　　销** 各地书店
**印　　刷** 北京美图印务有限公司
**开　　本** 787毫米×1092毫米　1/32
**印　　张** 5.375
**字　　数** 72千字
**版　　次** 2023年10月第1版　2023年10月第1次印刷
**定　　价** 38.00元

---